Dolor país
y después...

SILVIA BLEICHMAR

Dolor país
y después...

libros del
Zorzal

Foto de tapa: Ezequiel Torres. "Lo único que puede resolver los problemas humanos son el amor y la verdad" Gracias por todo, Silvia. Te extrañan, Ezequiel y Morena.

Corrección: Laura Kaganas

Diseño: Fluxus

"Cómo se mide el índice Dolor País", *Clarín*, 25/07/01; "La derrota del pensamiento", *Clarín*, 31/10/01; "La difícil tarea de ser joven", *Revista Topía*, septiembre/octubre de 2001; "Ahora somos todos cartoneros", *Clarín* 15/01/02; "Vivir la utopía de la normalidad", *Clarín*, 4/06/03, "El horror a la indiferencia", *Revista 23*, 22/07/04, "Nuestra responsabilidad hacia los combatientes", *Cuadernos Argentina Reciente* Nº 4: "La guerra de Malvinas, veinticinco años después", agosto de 2007; "El derecho de volver a creer en las palabras", *Clarín*, 04/01/07; "La responsabilidad de los intelectuales", *Revista 23*, 12/08/06; "El pensamiento corporativo y la crisis universitaria", *Diario Hoy*, La Plata, 14/08/06; "El sexo es cultura", *Caras y Caretas*, diciembre de 2005; "Madres y padres de la Patria", *Caras y Caretas*, julio de 2006; "La Fiesta del Don", *Caras y Caretas*, noviembre de 2006; "Los excesos del trabajo", *Caras y Caretas*, mayo de 2006; "Envidia y caridad: dos caras de la misma moneda", *La Mujer de mi Vida* - Año 1 - Número 8; Víctimas y victimarios, igualmente condenados, Clarín, 20/07/06; "La política es impiadosa con la moral", *La Nación*, 31/05/2007; "De la creencia al prejuicio", *Revista Vertex* Vol. XVIII - 2007.

© 2024. Libros del Zorzal, SL
Rosselló 186 5º4
(08008) Barcelona
España
info@delzorzal.com.ar
<www.delzorzal.com>

ISBN 978-84-129678-4-5
Depósito legal M-27815-2024

Impreso en China / *Printed in China*

Índice

Una vez más, tenía razón... 9

Prólogo... 17

Introducción.. 21

Dolor País 33

    I. Los recursos de la historia 35

    II. Dolor País.. 48

    III. La derrota del pensamiento 53

    IV. La difícil tarea de ser joven 58

    V. La salud política.. 64

    VI. El sostén subjetivo de una Ética 68

    VII. *Losers* y *Winners*, entre la excusa
y la justificación 74

    VIII. *The Matrix* y el País virtual 83

    IX. Somos todos cartoneros....................................... 89

    X. Estamos acá... 94

Después... 101

    XI. Una vez más hemos votado 103

    XII. El horror a la indiferencia 108

    XIII. Nuestra responsabilidad hacia los combatientes............. 111

    XIV. El derecho de volver a creer en las palabras 122

    XV. La responsabilidad de los intelectuales 126

XVI. El pensamiento corporativo y la crisis universitaria 131

XVII. El sexo es cultura 135

XVIII. Envidia y caridad: dos caras de la misma moneda 139

XIX. La depre de estar afuera 142

XX. Víctimas y victimarios, igualmente condenados 145

XXI. Madres y padres de la Patria 149

XXII. La Fiesta del Don 152

XXIII. Los "excesos" del trabajo 155

XXIV. La política es impiadosa con la moral 158

XXV. De la creencia al prejuicio 163

Una vez más, tenía razón…

…porque tú siempre existes dondequiera
pero existes mejor donde te quiero
porque tu boca es sangre
y tienes frío
tengo que amarte amor
tengo que amarte
aunque esta herida duela como dos
aunque te busque y no te encuentre
y aunque
la noche pase y yo te tenga
y no

Corazón Coraza, Mario Benedetti

Ella sabía que eso iba a ocurrir, yo siempre trataba de disuadirla. Y me creía… porque quería creerme, pero en el fondo sé que dudaba de mis palabras. Desde muchos años antes lo supo y lo decía: "Yo voy a morir joven". Discutíamos sobre eso. Yo le daba razones de toda índole, apelaba al orden racional para apartarla de ese designio. Dolorosamente supe, en los últimos años, que ella, una vez más, tenía razón. Y aunque seguí intentando quitarle esa idea de su cabeza, los dos sabíamos que eran sólo dulces mentiras piadosas.

Cuando muere un ser amado, alguien como Silvia Bleichmar, con quien recorrimos juntos 36 años del camino de nuestras vidas, cuando se han compartido tantas cosas, cuando ya todo es sólo recuerdo, tanto de los momentos trascendentes como de los insignificantes, de las risas despreocupadas como de los momentos intensos de dolor, de las alegrías y de las tristezas, siempre hay algo de culpa, de autorreproche, reacción egoísta sin duda, narcisista al fin, pero inevitable, una forma de condolerse de sí mismo formulando, como lo hago ahora, esta frase que no por convencional menos cierta: "Con su pérdida una parte de mi vida se interrumpe, se acaba y muere con ella, se va con ella para acompañarla, se va y no volverá jamás, quedará con ella sin posibilidad de retorno, será cenizas". Lo que se acaba, lo que Silvia se lleva de mí, es mucho más que tal o cual cosa que podríamos haber seguido compartiendo, es la vida misma, la suya, por supuesto, pero también la mía; la mía de la forma en que hasta ahora la he vivido, esa historia única, imposible de repetir; ese mundo único que compartíamos prematuramente concluye, se diluye en el océano del ocaso, del que ninguna memoria podrá restituirlo.

El cuerpo de Silvia Bleichmar fue reducido a cenizas —no en la hoguera, como las Brujas de Salem, aunque muchos en vida lo hubieran deseado como forma semejante de estrangulamiento social de una mujer que los inquietaba con su forma de ser—. Lo que nunca podrá ser reducido a cenizas serán sus ideas, su pensamiento, todo lo que ella sembró y dejó como huellas en tantas vidas, la mía para empezar, en tantas historias personales, políticas, psicoanalíticas y su influencia en tantos discursos, actividades, existencias, con la fuerza lúcida, brillante y provocativa de su manera de ser, de pensar, de hablar, de transmitir.

Se fue con más dolor por la muerte que miedo a morir, y no hablo de dolor físico, sino del dolor de saber que nunca más volvería a ver a los que ella más amaba. Cuando ya era certeza, cuando sabía que era inminente que lo que había anticipado iba a acontecer, ese saber la atormentaba: dejarnos y dejarnos con esta enorme tristeza.

Pero más allá de todo lo que una interpretación precipitada nos haría creer, más allá de lo que su constante consideración por la muerte nos puede hacer pensar, Silvia Bleichmar sólo amó y sólo aseveró la vida y el vivir. Tenemos pruebas de ello tanto en sus textos como en la manera en que ha aceptado la vida, en que ha honrado la vida, hasta el final. "Quiero que la muerte me encuentre vivo", solíamos compartir esa frase que alguna vez leímos juntos. "Prefiero morir como una persona sana, a vivir como una persona enferma", solía repetir. Por eso le impresionó y se identificó tanto con un trozo del discurso que Saramago pronunció en Estocolmo al recibir el Nobel de literatura, que ahora reproduzco: "Muchos años después, cuando mi abuelo ya se había ido de este mundo y yo era un hombre hecho, llegué a comprender que la abuela, también ella, creía en los sueños. Otra cosa no podría significar que, estando sentada una noche, ante la puerta de su pobre casa, donde entonces vivía sola, mirando las estrellas mayores y menores de encima de su cabeza, hubiese dicho estas palabras: 'El mundo es tan bonito y yo tengo tanta pena de morir'. No dijo miedo de morir, dijo pena de morir, como si la vida de pesadilla y continuo trabajo que había sido la suya, en aquel momento casi final, estuviese recibiendo la gracia de una suprema y última despedida, el consuelo de la belleza revelada. Estaba sentada a la puerta de una casa, como no creo que haya habido alguna otra en el mundo, porque en ella vivió gente capaz de dormir con cerdos como si fuesen sus propios hijos, gente que tenía pena de irse de la vida sólo porque el mundo era bonito, gente, y ése fue mi abuelo Jerónimo, pastor y contador de historias, que, al presentir que la muerte venía a buscarlo, se despidió de los árboles de su huerto uno por uno, abrazándolos y llorando porque sabía que no los volvería a ver".

Le sigo hablando, a veces en voz alta, y pienso que si alguien me escucha dirá que estoy loco; sé perfectamente que Silvia no me puede oír, que sólo me escucha dentro de mí, y me doy cuenta de que en mí su voz insiste para pedirme que no finja que le estoy hablando, que no mienta otra vez, que asuma esta verdad terrible.

Sé que cada uno de todos nosotros tuvo con Silvia Bleichmar una relación diversa (y no digo sólo en psicoanálisis o en política), todos sabemos que en ese prisma tan particular, cada uno de nosotros ha amado a una Silvia Bleichmar diferente, multifacética, en un determinado momento histórico, durante tal o cual época, o incluso, como

fue en mi caso, hasta los instantes finales, y esta generosa multiplicidad, esta superabundancia misma que tuvo,
nos obliga a no detener el camino que inició, a no dar por
concluida una trayectoria, a no apropiarse de aquello que
fue inapropiable y que debe seguir siéndolo. Nos obliga
a continuar dándole aliento de vida, a trabajarla –como a
ella le gustaba decir– para hacerse dueño de ella y hacer
carne la frase de *Fausto*, de Goethe: "Eso que has heredado, trabájalo para que sea tuyo". Aquellos que han leído
a Silvia Bleichmar saben que esta ley encuentra en ella un
ejemplo patente. Freud, Melanie Klein, Laplanche, Lacan
y muchos otros autores fueron trabajados en ella y devinieron Silvia Bleichmar. Su obra es importante, en primer
lugar por aquello que testimonia y por aquello que ha enfrentado comprometidamente, el anquilosamiento del discurso oficial. Esta tarea merece ser realizada, entre muchas
otras razones, porque hay allí una intuición que no puede
ser abandonada, intuición que guió su pensamiento y que
hace a su persistencia larvada y constante en el psicoanálisis argentino: la intención de quebrar el solipsismo endogenista al cual el biologismo de arrastre en psicoanálisis
parecería condenar al ser humano. Allí se define también
la insistencia de una implicación, de un compromiso, que
determina en el sujeto una voluntad de apropiación de sus
propios enunciados, similar, de uno u otro modo, a aquello que, de modo mas sofisticado, se ha conocido posteriormente como "palabra plena", y que hace a un cambio
en la posición del sujeto respecto a su propia implicación
subjetiva. Por ello suscribimos sus propias palabras, las de
Silvia Bleichmar en *La hora de un balance*: "Si existió Lacan
en un siglo que valió la pena ser vivido, falta aún al psicoanálisis redefinir los términos con los cuales se insertará
en la historia que comienza. Tanto su capacidad de hacer
frente a nuevos problemas como la confianza decisiva en
su fecundidad son motivo de los párrafos que anteceden.
No hay en ellos, indudablemente, la menor propuesta de

una agenda de debate para la realización de un balance, pero sí la convicción de que la herencia teórica debe ser resguardada de sus mayores riesgos: su dilución en el interior de un campo empobrecido material y teóricamente, así como su enquistamiento empobrecedor a partir del desgaste de un pensamiento crítico que la remoce. La restauración histórica no viene hoy de la mano de la polémica sino de la dilución de los enunciados que produjeron lo mejor del pensamiento que hemos recibido: soslayar a Lacan, como soslayar a Marx, son las formas larvadas del autoaniquilamiento de los intelectuales. Someter a discusión la vigencia de la herencia teórica recibida es el primer paso para comenzar nuestra propia recomposición ante las difíciles condiciones imperantes"[1].

Siempre luchó por despojar al conocimiento científico de los aspectos de fe –no de convicción, no de pasión–, concebida esta fe como la creencia absoluta en el dogma, como una creencia que no puede poner a prueba sus propios postulados de base y que se caracteriza por el "recurso a la autoridad" y, por el contrario, proponía embarcarnos en un "retorno al texto", o, más aun sobre el texto –es decir en el desentrañamiento de sus contradicciones internas–, lo que traería consecuencias tanto para el procesamiento teórico psicoanalítico como para el modo de concebir toda práctica. "No se puede enajenar el derecho a pensar en el poder supremo"[2], proponía Spinoza; frase que siempre tuvo como horizonte y compartíamos, para plantear que no sólo no se podía enajenar en el poder supremo el derecho a pensar sino que no se podía delegar en él la responsabilidad de hacerlo, ya que no es sólo desde el poder supremo que emana la autoridad despótica, sino desde los sujetos que depositan en él esa responsa-

---

[1]   Silvia Bleichmar, *La hora de un balance*, en Revista Zona Erógena, Nº 49, Buenos Aires, Primavera 2001.
[2]   Baruch Spinoza, *Tratado Teológico Político*, Juan Pablos Editor, México D. F., 1975.

bilidad. La libertad que otorga la inteligencia, decíamos
en nuestras charlas, sólo se sostiene, a su vez, en el valor
de las reglas de conducta prescriptas; reglas prescriptas,
en nuestro caso particular, por el compromiso que impone una reevaluación conceptualizante marcada tanto
por una ética que rige a la comunidad científica como a
los modos de producción, apropiación y circulación de
los conocimientos, reglas internas al sistema científico en
cuestión, que acostumbramos a llamar método, pero reglas también que hacen a la práctica social en la cual los
conocimientos se insertan.

Pero Silvia Bleichmar ya no está con nosotros, ya sólo
queda su palabra escrita y este silencio que da cuenta de
su ausencia. También queda este dolor que corta la res-
piración y se transforma en gemido, sensación de fracaso ante lo absurdo que vuelve a ganar la batalla. Pero,
¿cómo pelear contra ese absurdo? ¿Cómo volver a sonreír
sin sentir que puede estar allí agazapado recordándonos
que la muerte, eso imposible, está allí implacable? Estába-
mos los dos, ella y yo, preparados para esta muerte, creo
que más preparados hubiera sido imposible. No obstan-
te, el desgarro, esta herida lacerante en los tegumentos,
esta sensación de abatimiento y desamparo que nos deja.
Es que ha muerto Silvia Bleichmar y ésa no es cualquier
muerte. Es una muerte que parecía inimaginable aunque
haya acontecido. Por eso, aunque preparados, sorpren-
didos. Por eso, devastados aunque enteros, enteros pero
devastados. De esto se desprende que esta enorme tristeza, este punzante dolor, tendrá que alejarse del duelo
que conduce a la nada o sólo a la búsqueda de consuelo y,
por el contrario, deberá ir a la busca de eso que ella, Silvia
Bleichmar, nos ha legado, su compromiso con la transformación, su empuje, su esperanza siempre renovada, su fe
en la lucha por un futuro mejor.

Por eso quiero terminar cediéndole la palabra: "[...]
la herencia del pensamiento racionalista de Freud sigue

siendo no sólo una propuesta filosófica sino un modo de concebir la esperanza: limitar la irreversibilidad bajo el modo de operancia sobre la legalidad, no para tornar reversible lo acaecido (irreversible) sino para dominar sus efectos cuando estos se inclinan del lado de la destrucción y de la muerte"[3].

CARLOS SCHENQUERMAN
Agosto de 2007

---

[3]   Silvia Bleichmar, *Coloquio Temporalidad-Determinación-Azar*. "Repetición y temporalidad", Paidos, Buenos Aires, 1994.

Prólogo

Está la belleza y están los humillados;
Por difícil que sea la empresa
no quisiera serle infiel
ni a los segundos ni a la primera

Albert Camus

En julio de 2001, hojeando los diarios mientras tomaba un café, me encontré con una nota de opinión cuyo título atrajo mi mirada como un imán: "¿Cómo se mide, en índices aceptables, la suba inexorable del dolor país?". Firmaba la nota Silvia Bleichmar, psicoanalista graduada en Francia, según se detallaba. Recuerdo que leí el artículo cinco veces, y con cada lectura me sentía menos desamparado en un país degradado, depredado y camino al colapso. Ya habían pasado algunos meses desde que, con mi hermano Octavio, habíamos iniciado un emprendimiento editorial (*Libros del Zorzal*) con el objetivo de participar en el debate público y preservar un espacio de creatividad y de salud en el contexto desolador que presentaba Argentina. Buscamos inspiración en el trabajo editorial de Pierre Bourdieu, quien por esos años dirigía una colección notable llamada "Razones para la acción", formada por textos de actualidad, breves y contundentes.

Es difícil describir la intensidad de la energía que me contagió Silvia Bleichmar con su artículo y la diversidad de razones para la acción que logró disparar en mí. Corrí a casa, busqué su teléfono en la guía y atendió ella misma. Intenté explicarle que no me conocía pero que me había impactado su artículo y que tenía una editorial que seguramente tampoco conocía, pero que... Al día siguiente empezamos a trabajar en el libro *Dolor País*.

Creo que lo que ella más disfrutaba era escuchar historias y nuestros encuentros de trabajo fueron evolucionando progresivamente en intercambios de historias. "Dime qué historias cuentas y te diré quién eres", bromeaba. La última historia que intercambiamos hablaba de un joven, hijo de inmigrantes europeos que habían logrado escapar de la Segunda Guerra: corrían los años cincuenta en Buenos Aires cuando el joven llegó una noche a su casa, a las cuatro de la mañana, y escuchó que su madre le decía a su padre, en ídish: "¡A esta hora llega de la milonga!". Y el padre respondía: "Dejalo, dejalo que vaya a lugares de donde se vuelve".

De a poco nos fuimos enterando de que sus padres y mis abuelos habían recalado en Argentina huyendo del horror europeo, que en 1976 ella escapó a México con sus hijos y yo con mis padres y que los dos nos doctoramos en la misma universidad de París. Lugares todos ellos de los que volvimos, de donde pudimos volver.

Dolor País es, en definitiva, el resultado de historias que Silvia fue escuchando con su enorme sensibilidad e interpretando con su impecable formación académica. Presentamos el libro en marzo de 2002, en medio del calor sofocante, ahorros, esperanzas confiscadas y sesenta por ciento de argentinos en la miseria. Éramos quinientas personas escuchando a Silvia Bleichmar, María Seoane y Luis Hornstein recorrer las páginas de un libro pequeño y contundente que se transformaría en emblema de la resistencia cívica. No puedo ocultar mi orgullo al encontrar lectores de ese texto en subtes, plazas, cafés y vaya uno a saber en cuántos hogares. Cada cual encontró en él palabras con las que construir un espacio de salud y de esperanza en un año en el que todo era triste. En lo personal, la experiencia de *Dolor País* fue un antes y un después en el sentido de que la edición de libros pasó de ser una iniciativa entretenida y creativa a ser una profesión de 24 horas al día. Ese escrito dio inicio a la colección "Mirada atenta", que tuvo a Silvia Bleichmar como asesora de lujo.

No pude intuir que Silvia sentía el dolor de su país y de su gente como padecimiento propio ni, tampoco, los efectos de ese sufrimiento ambiente en su cuerpo. Nuestro país, al que definía como un "pulmotor invertido que bombea oxígeno hacia el exterior", terminó siendo una metáfora de ella misma. Dedicó su vida a repartir oxígeno a los demás, trabajando, curando y esperanzando sin respiro.

Nunca olvidaré nuestro último encuentro, cargado de esas historias que tanto le gustaban. Me contó que su nieta de cinco años le había dicho esa misma semana: "Abuela, sabés una cosa, extraño los buenos tiempos". Me dijo que el deterioro no es malo, que está en la esencia del hombre y de la naturaleza pero hay que trabajar mucho para que no evolucione hacia la degradación ni la depredación. Me dijo también que a fines de julio terminaría su próximo libro, *Dolor País y después*…, el mismo que el lector tiene hoy en sus manos con el título que ella eligió.

Cuando el 15 de agosto supe que Silvia nos había dejado, me sentí muy solo. Pensé en todos los que se estarían sintiendo tan solos como yo y en todas las historias que quedarían huérfanas. Pero tuve también la certeza de que se fue a un lugar del que siempre puede volver a través de sus palabras. Ya empiezo a extrañar yo también los buenos tiempos, a Silvia, su consejo y la amistad con la que me honró.

LEOPOLDO KULESZ
Agosto de 2007

Introducción

Cuando hoy vuelve a mis manos y recorro las páginas de *Dolor País*, evoco el tiempo en que esos textos fueron escritos y veo con satisfacción que muchas cosas han cambiado o que, al menos, han comenzado a cambiar. Pero también reconozco lo que está pendiente, lo que queda por hacer, y que si no se toma en cuenta aquello que debe seguir pensándose, trabajándose en ese proceso de cambio o de transformación, las cicatrices de los daños sufridos tendrán características de queloides. Una cicatriz queloide es aquella que queda en los tejidos después de cerrada una herida o una llaga. Huella permanente que da cuenta de una efracción acontecida anteriormente y que usamos por extensión cuando hablamos de impresión en el ánimo de un sentimiento pasado. Si la cicatriz es plástica, poco notoria, no deja limitaciones a la motilidad. Una cicatriz queloide, en cambio, es algo que se nota, que todos ven. Es la imagen de un funcionamiento rígido, empobrecido en los límites de su funcionalidad que, cuando refiere al psiquismo, conlleva un empobrecimiento no sólo afectivo sino también intelectual.

La sociedad argentina se ha ido llenando, en estos últimos años, de cicatrices y síntomas que dan cuenta no sólo del grado de deterioro económico al que hemos quedado sometidos sino, a su vez, de las dificultades que presenta el remontar las consecuencias de años de estafa, saqueos, asesinatos y crímenes de todo tipo. Luego de años de impunidad, ha ido decantando en el imaginario colectivo la convicción de que la justicia es, sino imposible, prácticamente inaplicable, dado que nadie puede dar garantías de su ejercicio. La sectorialización, la descomposición de la noción de conjunto, la fractura de las obligaciones hacia el semejante y de los nexos de solidaridad y compasión han producido un extrañamiento en el cual, no sólo la vida humana ha perdido valor sino, a su vez, toda noción de proyecto conjunto.

El 20 de diciembre del 2001, más que un cambio político, escuchamos un rugido del país. El golpe de las cacerolas expresaba, con ruido, la furia. La protesta daba cuenta del dolor, un enojo sordo para el cual no existían aún palabras. Ese rugido del país articuló algunas frases, representación de deseos antes que propuestas: "Que se vayan todos", "No se va, el Pueblo no se va", intentos por identificar a un *otro* quién se adueñaba del país, expresión de una profunda indignación frente a la corrupción y la expoliación del sistema político-financiero.

Gran parte de los argentinos, sin embargo, atribuyeron el fracaso del modelo social, económico y simbólico de los 90, a la corrupción, antes que al modo de subordinación a los intereses más degradados del capitalismo salvaje. No cuestionaron la profunda inmoralidad que guardaban las formas con las cuales el bienestar supuesto de los 90′ se desbarató, dejando los muñones de la nación al aire, dejando en carne viva a un país que, a diferencia de los 70′, no basó su aquiescencia en el terror sino en su connivencia con las migajas de un festín al cual no estuvimos invitados, recibiendo desde el corredor las sobras aplacatorias que convocaban a la complicidad y la pérdida de identidad.

Los años posteriores a la crisis nos mostraron un país de contrastes, donde el reconocimiento de la imposibilidad de la salvación individual convivió con el ocultamiento mezquino de la riqueza, no por pudor ético sino por temor al despojo a manos de los marginados. También un país movilizado en tareas solidarias destinadas a suplir las carencias de un Estado que no termina aún de reponerse a su devastación, al retiro de su función y a la reducción de mero administrador de las crisis que por sucesivas devienen una sola y gran catástrofe, al odio a los excluidos y a la resistencia profunda y sostenida por parte de estos de evitar su deshumanización. Un país en el cual el cisma que nos partió en dos regiones sociales, económicas y de perspectiva no ha sido indudablemente saldado. En el cual la profunda indiferencia de quienes han quedado del lado opulento de la muralla de acciones y palabras piden, tal vez por "fatiga de la compasión" o por egoísmo, que les quiten de la vista la miseria, que se expulse a los desarrapados que los someten constantemente al temor de un destino en el cual su supervivencia material y simbólica no se encuentran definitivamente garantizados.

En esos años posteriores a la crisis, el odio a los despojados se expresó bajo formas racionalizantes, autojustificatorias, de quienes eludían la responsabilidad social que implica el concepto de semejante en el marco, no sólo de un territorio sino de un proyecto irrealizable sin la participación conjunta; pliegues fascistas escondidos en el pedido de seguridad, la aceptación de la impunidad, la naturalización de la muerte de niños y adolescentes a manos de la desatención y desnutrición, y la convicción resignada respecto al carácter inevitable de la miseria.

Frente a la demanda excluyente de seguridad aparece, sin embargo, el reclamo de una mayor justicia. La lucha contra la impunidad se ha constituido en uno de los motores de la movilización por parte de quienes claman reparación jurídica antes de terminar de velar a sus muertos, porque saben que no hay descanso en paz si no se mueven en dirección de lograr el reconocimiento del derecho de las víctimas.

Los modos de deshumanización que se ponen de relieve en el intento de someter a una parte del país a su condición simplemente de "superviviente asistido", con vidas "innecesarias de ser vividas y vidas valiosas perdidas", encuentra su límite en el florecimiento de acciones creativas y búsquedas nuevas que dan cuenta del deseo profundo de no verse reducido a la animalidad más degradada, sometida a la caridad que sólo conserva la vida y despoja del mundo simbólico que lo transforma en humanizado.

El país se ha tornado opaco, borroso. No se ven bordes nítidos salvo en estadísticas oficiales, cuestionadas y poco confiables, las cuales someten a la población a una lectura indiciaria del mundo desde múltiples realidades que hacen estallar la idea de un colectivo e impactan aún más sobre el tejido social. El sistema de representaciones que sostiene a la Argentina no es homogéneo, no hay dominancias, y la oscilación entre la responsabilidad ética compartida de construir un proyecto común y el deseo de supervivencia individual a cualquier costo es constante. Los argentinos tenemos una falla en la noción del largo plazo y una tendencia a la inmediatez, producto de una historia sometida a los vaivenes de los intereses más degradados que nos obliga constantemente a sostener la cotidianeidad bajo modos degradantes.

Con el tiempo, nos hemos convencido de que nuestros tratos societarios y la tolerancia a la impunidad nos arrastran a un abismo, sin que aún hayamos tomado en nuestras manos de manera unificada el carácter político que esto implica. La corporación política, si bien cerrada aún sobre sus propios intereses, se muestra más sensible a la posibilidad de deponer sus propias ambiciones cuando la marea humana se le lanza encima –como ocurriera en Misiones, donde se produjo, por primera vez, un verdadero proceso de reciudadanización en virtud del carácter político que tomó el reclamo de poner coto a la inmoralidad política[4].

---

[4]   La elección misionera del 29 de Octubre de 2006, la cual declaró vencedor al Frente Unido por la Dignidad, que obtuvo la mayoría de los convencionales constituyentes para reformar la Constitución de esa provincia. La elección fue una derrota para el gobernador Carlos Rovira, que quería garantizar su

Y si bien una parte importante de la población ha aceptado cierta rutinización de la vida política, cierto naturalismo de la injusticia, siendo indudable que este es el problema mayor que enfrentamos para poder reconstruirnos de manera profunda a partir de las experiencias históricas que arrastramos, aún se alimentan aunque sea de manera fragmentaria y aislada el anhelo de un país más justo y capaz de desplegar, no sólo de sostenerse, en su potencialidad.

Años después de la crisis del 2001, mi preocupación fundamental respecto de nuestro futuro como país es el terminar de liquidar la herencia de los 90′. No simplemente desde un ángulo político y económico sino, como es abordado en este libro, a nivel del conjunto de representaciones con las que los argentinos enfrentan su vida política y su vida cotidiana. Por eso las preocupaciones que guían estas páginas: ¿cuáles son los residuos que dejó la década del 90 en la mentalidad argentina?, ¿de qué manera pesan en un futuro proyecto histórico de redistribución más equitativo? Porque la herencia más preocupante de la pasada década es la forma mediante la cual los sistemas de representaciones acompañan o quedan pasivizados frente a las políticas oficiales. La idea de que en los 90′ triunfó el modelo de la corrupción es absolutamente incorrecta. Lo que triunfó es un modelo de inmoralidad que se basó en formas perversas de manejo del ingreso y de apropiación de la riqueza nacional. Gran parte de las propuestas moralistas y anticorrupción, a su vez, eran profundamente inmorales en la medida en que se planteaban seguir sosteniendo la misma política con menores niveles de corrupción. Sin embargo, estas propuestas eran igualmente inmorales respecto de la apropiación y distribución de la riqueza.

---

tercer mandato consecutivo con la modificación de un artículo de la Carta Magna provincial. Tras una dura campaña en la que ambas facciones pusieron todo sobre el tablero, la coalición logró vencer teniendo como referente principal al actual Obispo Emérito de Puerto Iguazú, quien desde hace años está comprometido con la lucha por los derechos de los mas desfavorecidos.

¿Por qué me preocupan los sistemas de representaciones? Pensemos, por ejemplo, los sistemas de representación que subyacen de las últimas elecciones en la Capital Federal. Frente a la propuesta del presidente de la Nación de repolitizar el Estado, repolitizar al país y subordinar la economía a la política –y esto último es lo que produce escándalo–, las elecciones en la Capital Federal mostraron el nivel de despolitización de vastos sectores de la población. Lo que triunfó es la anti política, en continuidad con un "que se vayan todos" que no se identifica con partidos de derecha o de izquierda. Lo que votó la gente es la imagen del "empresario" que pareciera no representar a los políticos, el empresario pensado como buen administrador. Esta concepción de la política como administración es la que también se apropia del término "vecino" para remplazar el de "ciudadano," que llama "abuelos" a los "jubilados". La gente votó a un empresario antes que a un candidato de derecha que se pelea con los cartoneros; votó al ingeniero administrador de empresas, titulo liberado de los estigmas que caracterizan a la política en la Argentina.

Esta concepción administrativista está ligada, a su vez, a la naturalización de la pobreza alimentada por las políticas de los años 90'. La misma concepción que va convirtiendo paulatinamente a la Argentina en la Malasia del mundo intelectual. Y del mismo modo en que Malasia maquila bienes no durables para los mercados internacionales, nosotros hacemos maquila intelectual; la hacemos con nuestros arquitectos, por ejemplo, quienes producen planos y esquemas para estudios del primer mundo con salarios ligeramente más altos que los que obtendría acá un dibujante pero que son tres veces más bajos que los garantizados en un país del primer mundo. Esto se refleja también en la enseñanza, en el hecho de que las universidades privadas que proliferan en nuestro país, no son sólo una forma de expropiación de la posibilidad de la educación pública, sino una forma de concepción de la formación de los recursos humanos para las factorías del primer mundo. Quiero decir: estas universidades privadas no son lugares de excelencia académica, sino lugares de preparación tecnológica, con posibilidad de ingreso al mercado, y no con capacidad de formación de intelectuales o, inclusive, como la de aquellos que alcanzaron los logros que hoy conocemos en ciencia, gente salida de la universidad del Estado, con aspiración no de recibir subsidios de los laboratorios, sino de producir grandes descubrimientos científicos.

Otra herencia simbólica de los 90' y de la dictadura, es la fractura del país en estamentos incapaces de asumir los duelos de los otros como duelos propios. Cicatrices queloides que separan a los padres de las víctimas de Cromagnon de quienes "no se olvidan" de Cabezas; a aquellos que recuerdan la bomba en la AMIA, a los familiares de las víctimas de la Dictadura, de la Guerra de Malvinas, etc. La dificultad para armar contextos compartidos es enorme. Entonces, cuando un país no puede realizar duelos compartidos, es muy difícil que pueda realizar proyectos en común. La recuperación de un proyecto en contra de la impunidad, la posibilidad de llevar hasta su última instancia el ejercicio de la justicia, se convierte en el único elemento aglutinante para el conjunto del país.

A las dificultades para convocar un proyecto de país se suma la pérdida de una noción de futuro y su remplazo por la inmediatez. La certeza de que la salvación debía ser ahora, ya, inmediata. La pérdida de la concepción de futuro mediato permitió el saqueo y la entrega, hubo saqueo porque hubo entrega. Si hay algo que quedó inscripto en el sistema de representaciones de los argentinos, es "salvarse ahora", no a 10 años, ni mucho menos a 20 o a 30. Y esa incapacidad para proyectarse a futuro devino en aceptar privatizaciones espurias y corruptas, destrucción del entorno ecológico, enajenación de tierras públicas. La venta del sur no es la venta solamente de las tierras, sino la venta de las aguas mediante la cual privamos a las generaciones futuras. La fractura total de la noción de futuro, originada en principio con la dictadura, fue continuada por el espíritu de los años 90', donde se rifó el concepto de felicidad, como dicen algunos sociólogos, a través de la idea del goce. Es decir, la idea de un goce inmediato que sustituye el ideal de felicidad en tanto realización personal a futuro, y no solamente para la generación actual.

Por todo ello, vuelvo a afirmar, como lo hice en otro texto, que "no me hubiera gustado morir en los 90". Porque era morir en plena derrota y deterioro. Hoy veo una recomposición de fuerzas en Latinoamérica donde, como afirmó Maradona, "Argentina es digna". Hoy observo la constitución de intereses compartidos, con todo el pragmatismo que esto pone en juego, con todas las diferencias, con las dificultades de desideologización pero, de todas maneras, con una convicción firme de que hay que hacerle frente al Imperio. Este antiimperialismo está hoy en el discurso cotidiano, aun cuando no implica la constitución de un proyecto de nación. Es simplemente la identidad que se constituye en negativo, desde afuera. Frente a esta identidad por oposición, sin embargo, le falta la identidad en positivo. Vale decir, la posibilidad de recuperar un proyecto nacional, un proyecto de nación al interior de Latinoamérica, recuperar una historicidad que no sea regresiva. Se ha perdido como horizonte la propuesta del Siglo XX, de los grandes ideales socialistas, que se sostiene en la posibilidad de la recomposición de la justicia, la igualdad y la felicidad. Mientras que el economicismo, el capitalismo y, por qué no, el gremialismo de los últimos años, se caracterizó siempre por luchar, no por mejorar las condiciones de vida, sino por obtener más o no perder lo que iban logrando, a diferencia de una propuesta que se planteara una distribución diferente.

Creo que si se logra en la próxima década en la Argentina, revertir ese proceso podemos empezar a construir un proyecto que no sea sólo de resistencia a la pobreza, sino de construcción de una inclusión diferente. Lo que más me preocupa es que esto no sea una cuestión solamente de los modos con que se definen los sectores lúcidos del poder. Lo que más me preocupa, es si esto va a implicar también un compromiso reciudadanizante y un nuevo pacto compartido de los argentinos. Me parece que esto es lo que yo espero para esta etapa. Que lo que se está produciendo desde arriba, pueda encontrar una forma de recomposición social y del pacto político y del pacto interhumano en la Argentina. Y que a partir de entonces, no tengamos que definir por lo que el presidente puede hacer o no puede hacer, sino por la forma en que nosotros podamos construir un proyecto que acompañe el deseo de redistribución.

Yo creo en la literatura, como en las formas, en general, del arte. Por eso escribo. Y no por nada nuestra sociedad ha tenido ese auge fenomenal de producción de diversos tipos en medio de esta situación tan difícil que hemos vivido estos años. A mí me conmueve ver cómo sociedades vecinales han tomado a su cargo desde la enseñanza de la pintura hasta la producción de pequeños periódicos vecinales y recitales de todo tipo. La circulación de toda esta creatividad es una forma de resistencia identitaria en el sentido del rehusamiento de la sociedad argentina a perder algo que la constituye como muy valiosa ante sí misma, que es la capacidad de pensar, de producir, de soñar, y su negativa a convertirse simplemente en un país con deuda externa, que tiene que apretarse el cinturón, que tiene que convertir a la escuela en un lugar donde se le dé de comer a los pobres y a los ricos se los entrene para ser capataces de las factorías de los imperios.

Ha habido una descalificación de la utopía en estos últimos años, por el costo terrible que pagó la Argentina por sus sueños. Ha sido tan brutal el precio que pagamos que todos nos volvimos terriblemente sensatos. Alejandra Boero recitaba maravillosamente aquel poema de León Felipe, llamado "Pero ya no hay locos: ¡Ya no hay locos, amigos, ya no hay locos. Se murió aquel manchego, aquel estrafalario fantasma del desierto y... ni en España hay locos. Todo el mundo está cuerdo, terrible, monstruosamente cuerdo!". Una cosa son los grandes costos de sangre que hemos pagado por improvisación, por errores de todo tipo en la sociedad argentina, y otra es la pérdida de un horizonte de utopía. El error fue considerar que la utopía estaba en el centro y no en el horizonte. La utopía tiene que ser aquello hacia lo que uno camina. Por supuesto que hay momentos históricos en los que uno juega todo para tenerlo. Yo pertenezco a una generación que se jugó y me siento orgullosa por eso. Pero también es verdad que estamos purgando el pasado con una sensatez excesiva.

Hace un tiempo describía yo la decepción de algunos intelectuales que se mofan de quienes siguen creyendo en la utopía y a quienes acusan de ingenuos. Para ellos, lo que es de buen tono es más descreimiento y no dejarse engañar. Mi mamá que era muy sabia decía: "Las viudas que fueron felices se casan de nuevo o arman nuevas parejas". Se refería a que una mujer que amó puede volver a hacerlo. Por eso, algunos intelectuales que se jactan en esta época de no haber creído nunca son como el hombre que va al velatorio de la mujer de su mejor amigo y, al verlo sufrir por la pérdida, le dice: "Qué suerte que nunca me enamoré". El que nunca se enamoró no va a sufrir, pero tampoco va a disfrutar. Yo creo que la capacidad de seguir soñando, apostando a la esperanza, es lo único que nos puede sacar de la sensación terrible de desaliento histórico que hemos atravesado.

Por eso, si hubo un *Dolor País*, hoy hay un *Después...* que se abre a un futuro donde vuelve a caber la utopía y la esperanza. *Dolor País y Después...* es un intento por dar testimonio de mis preocupaciones pero también de mis sueños, a los que no pienso renunciar. Sueños que espero haber transmitido y que se sostengan en mis hijos y nietos, como forma de compromiso con el país y con el futuro. Siento orgullo de pertenecer a una generación con la cual hemos compartido tanto ideales como una ética. Una generación con la que hemos pasado juntos la noche de los bastones largos, persecuciones, exilios externos e internos. Una generación con la cual seguimos pensando, comprometiéndonos y apostando a un país mejor.

Los textos que recoge este volumen (además de aquellos incluidos en *Dolor País*) fueron escritos entre los años 2003 y 2007, en el marco de acontecimientos que imprimieron nuestra historia. El orden con el cual hemos decidido su publicación es aleatorio: en parte cronológico, en parte por afinidad de temas. En virtud de ello no hay tampoco un orden de lectura, dado que no existe una contigüidad metódica que garantice ningún acceso. El lector es tan libre en su deambulación como lo he sido yo misma en su escritura. Privilegio que comparto también con *Libros del Zorzal*, mis editores, con quienes el espíritu afectivo y libertario que nos une sólo se vio limitado por la racionalidad que nos convoca.

Dolor País

I. Los recursos de la historia

Cuando yo era niña los mayores repetían, con un tono mitad reprochante mitad benévolo, una frase que no por irritante tuvo efectos menores en nuestras vidas: "¡Cómo se nota que este país no tuvo hambre ni guerras!". Lo decían cada vez que dejábamos la comida en el plato, lo repetían cuando pedíamos algo de manera especial para luego descartarlo, insistían en ello cuando nos rehusábamos a usar ropas de la temporada anterior porque el color o el modelo habían dejado de estar en vigencia, y cuando queríamos una muñeca o una bicicleta de cierta marca no sólo porque nos gustara sino porque todos los chicos del barrio la tenían.

Cincuenta años después el país había atravesado hambre y guerras, y como una profecía autocumplida nuestra generación realizó el deseo mortífero de identificarse con sus padres. Ya no somos menos que ellos, ya tuvimos nuestras guerras y ahora tenemos el hambre, y de modo inexplicable, ya que en este país siempre se supuso que podía faltar cualquier cosa, menos comida. Y es que la comida en realidad nunca ha faltado, siempre ha estado allí, por eso no se entienden los índices de mortalidad infantil incrementados, ni el deterioro de los viejos, ni la subalimentación de las embarazadas, ni el retorno de la tuberculosis. El hambre, por otra parte, nunca se transformó en hambruna, y no sólo porque mal que bien siempre hemos tenido cosechas, sino porque existieron, de modo salvador, las ollas populares, que tuvieron su dignidad solidaria cuando se hacían en las puertas de las fábricas en huelga y mostraban la voluntad de resistir no sólo al hambre sino al riesgo de quedarse sin trabajo, y que hoy se han tornado la marca de la miseria y de la compasión, y como ya no hay fábricas se instalan en las iglesias y en espacios privados que algunos menos desafortunados han creado para dar cuenta de que aún se sostiene, aunque sea en el marco del deterioro y la desintegración social, el concepto de semejante.

Durante esos cincuenta años en los cuales se desplegaron las guerras y se agazapó el hambre hasta irrumpir violentamente en los grandes centros urbanos a fines de los ochenta, intentaron conducir al país alternativamente militares y civiles. Más allá de que toda mi generación conozca los acontecimientos, no es banal repasar algunas cifras: de los primeros veintiocho años –entre 1955 y 1983– el poder fue ocupado veintiún años por militares. En ese marco, sólo por breves períodos gobernaron los civiles, que asumieron definitivamente la conducción del país a partir de 1983. De los treinta años que tuvieron a su cargo el gobierno –once de ellos en pequeños interregnos entre un gobierno militar y otro, y en forma continuada los diecinueve que han transcurrido luego del retorno a la democracia– se alternaron en la presidencia de la Nación radicales y peronistas. Y más allá de la corrupción de muchos y la inoperancia de algunos, es evidente que pocas veces se ha visto en la historia de la humanidad mayor coherencia de conjunto por parte de los gobernantes –legítimos o ilegítimos– para desarticular los sueños de todos y el futuro de la mayoría.

Es indudable que en un país hay actos imperdonables y otros cuestionables. Que la inmoralidad cívica de los mi-

litares y su operatividad para aumentar la deuda externa
sobre la base del crimen organizado desde el poder no están en el mismo plano que la cobardía de gran parte de la
clase política y su inoperancia financiera. Es cierto también
que no es lo mismo un presidente que no estuvo a la altura
de las expectativas que depositamos en él que aquel que
nos mintió y robó impunemente, para lo cual corrompió
lo que se fue construyendo trabajosamente en la Justicia en
los primeros tiempos del retorno a la democracia después
de largos períodos de tribunales militares y de jueces civiles cómplices de la masacre.

Para ello hay que tener en cuenta que hay no sólo
una diferencia de matices en los diversos modos de producir dolor a otro ser humano, sino diferentes formas de
relación con el mundo, de emplazarse en el mundo; no
aludo aquí a cualidades ideológicas o políticas, sino a
formas de funcionamiento de la subjetividad. Mientras
que la agresividad es la respuesta con la que el yo se
enfrenta a la resistencia que opone el yo del otro para el
ejercicio de la voluntad propia, e implica por ello el reconocimiento de ese otro como par, como idéntico, como
semejante, incluso en la voluntad de aniquilarlo como
obstáculo, el sadismo es efecto del placer que alguien
puede sentir de producir dolor sin que se juegue en ello
necesariamente un reconocimiento de la subjetividad –el
sadismo puede ser ejercido con un animal, en el cual el
solo placer de producir dolor no implica necesariamente
intento de destitución subjetiva–. En la agresividad yo
reconozco al otro, y llego a sentir odio por la resistencia
que opone a someterse a mi voluntad: en las luchas sociales, en los enfrentamientos que los seres humanos tienen por el poder, en las guerras y colisiones de distinto
tipo, desde las más íntimas, amorosas, familiares, hasta
las luchas por el poder político y las guerras que desen-
cadenan, la agresividad está en el centro de las tensiones
producidas. En el sadismo se ejerce de hecho una desti-

tución subjetiva, y el cuerpo del otro, cuerpo sufriente, está al servicio del goce que de ese sufrimiento se obtiene: sabemos de las perversiones en las cuales esto se ejercita, y también del modo con el cual la perversión se introduce en situaciones límite, reducido el cuerpo del otro a puro lugar de goce desubjetivizado e inerme. La crueldad, por su parte, tiene algo de ambos: implica una combinatoria de sadismo y agresividad, reconoce el carácter subjetivo del otro e intenta una demolición del mismo por medio del dolor que se le inflige. La tortura es claramente su paradigma, y en algunos sujetos que la han escogido como *métier* se ha visto esto claramente: hay placer en demoler al otro, en arrancarlo de sí mismo, en destruir toda resistencia subjetiva que dé cuenta de que aún tiene un pensamiento que le pertenece; la necesidad de meterse hasta lo más recóndito y quebrar al otro no radica en el deseo de destruir su ideología sino lo más profundo de su pensamiento, el núcleo mismo de su intimidad y, a través de ello, de su identidad.

Hay sin embargo un modo de operar que no es intrínsecamente sádico, ni agresivo, ni cruel, y que es todo eso, sin embargo, por sus efectos. La acción no se sostiene en el intento de demoler al otro sino en el desconocimiento liso y llano de su existencia, en la ausencia de todo reconocimiento de lo que se produce en el otro como semejante, en la desarticulación de toda empatía. Bajo esta forma se ejerció lo que Hanna Arendt llamó "la banalidad del mal"[1]: el hecho de que cualquier burócrata podía llevar, durante la Segunda Guerra Mundial, planillas con números que controlaban y tornaban más eficientes los planes de exterminio, racionalizaban recursos, decidían la forma de la muerte a partir de una medición de costos materiales y efectos buscados. No hay en el que actúa necesaria-

---

[1]   Hannah Arendt, *Eichmann en Jerusalén. Un estudio sobre la banalidad del mal,* Lumen Ed., Barcelona, 1999.

mente deseo de destrucción, agresividad, sadismo, crueldad, como formas subjetivas del placer. Simplemente hay
una falla en la capacidad de reconocer la significación de
la acción –no su sentido–, reconocer el hecho de que se
están destruyendo seres humanos en toda la dimensión
moral que esto tiene, de darse cuenta de que aquello que
se destruye, se gasea, se quema, se aniquila, es "alguien",
y no simplemente un número en una planilla, una cualidad de lo prescindible o lo desechable.

En la Argentina hemos pasado por el proceso de
destrucción bajo modos que se caracterizaron dominan-
temente por la agresividad, el sadismo o la crueldad. Y
no es necesario que me detenga en esto, todos sabemos
de qué hablamos, cada uno puede encontrar un número
tal de historias al respecto que nos duele el solo hecho
de aludir a su carácter de incontable: militares crueles,
represores sádicos, realizando acciones que propician el
terror no sólo como medio de control sino como placer
de dominio. Sin embargo, estas diferencias que acabo de
establecer dan cuenta de la superficialidad de una oposición general, vacía, a la "violencia": la violencia de la
agresividad es inherente, necesariamente, a todo accionar humano, y su regulación está dada por el monto de
amor que define la acción realizada. La agresividad que
se despliega por desesperación en el intento de defender la vida, propia o de los seres amados, no implica
necesariamente crueldad, y mucho menos sadismo. Por
el contrario, el deseo de poder despojado de sentido, por
el poder mismo, siempre se ha ejercido a dominancia de
crueldad, atravesado por la destrucción liberada de todo
afán realizativo de otro orden.

A diferencia de otrora, sin embargo, teniendo la banalidad del mal una larga historia, encuentra su culminación en los últimos tiempos. Podemos decir en este
sentido que los modos del capitalismo salvaje, neoliberal, al menos bajo la forma que hemos conocido en

nuestro país, pasan a una etapa superior a aquellas con las cuales se ejerció todo el poder anterior en el ámbito económico. Porque así como el nazismo tuvo esa cualidad particular no sólo de haber matado a millones de personas con intención genocida –lo cual ya habían hecho los turcos en Armenia y mucho antes los cristianos con los turcos, y acá nomás, en el sur de aire cortante y cielo transparente esa versión farsesca de Custer llamado Roca que se dedicó a matar indios antes de ser presidente– sino de haber llevado sus cuidadosos registros, haber eficientizado de manera inédita y racionalizado de modo no previsto los modos de la muerte, subordinando la dignidad a la eficacia económica de forma tal que no se gastaran finalmente balas que se necesitaban para matar enemigos en seres inertes con los cuales se podía ejercer la destrucción sin tanto gasto bélico. Y bien, del mismo modo el capitalismo salvaje, el llamado neoliberalismo, organizó su modo de desmantelamiento y aniquilación regido simplemente por planillas y computadoras, y sus funcionarios ejercieron la banalidad del mal desde los planes gubernamentales y los directivos de cada empresa repitieron la acción racional de desprenderse del lastre.

En la Austria ocupada de la banalidad del mal un médico describió un modo patológico del funcionamiento psíquico que se conoció con su nombre, como síndrome de Asperger, caracterizado por ser una suerte de autismo que no implicaba deterioro intelectual, sino vacío de significación. No es casual que fuera en un país en el cual gran parte de la población había llegado a funcionar con indiferencia absoluta por el contenido ético de su propia acción, con escisiones severas que se expresaban en lágrimas profundas por una ópera de Wagner e indiferencia total ante la mirada vaciada de niños destinados a la muerte. Ésta fue la novedad de la Alemania nazi y de sus aliados, y lo que torna única la experiencia; porque si nos sobrecoge el relato del genocidio de los armenios cuando nos enteramos de que los turcos araron los cementerios para hacer desaparecer de la faz de la tierra los restos materiales de una etnia, no podemos dejar de reconocer en esa acción terrible y enjuiciable el odio como sentimiento arrasador que si nos avergüenza es precisamente porque de otro modo, en otra medida, lo reconocemos como parte de la condición humana. Pero, por el contrario, se nos hace absolutamente incomprensible que alguien pueda ejercer actos de tal nivel de destrucción como un trámite, y es en este punto en el cual no podemos identificarnos sino del lado de las víctimas, porque creemos carecer, afortunadamente, de referentes psíquicos que nos pongan del lado de los victimarios.

La banalidad del mal es la indiferencia, la posibilidad de ejercicio de una acción de destrucción sin la menor compasión porque la víctima ha dejado de ser nuestro semejante. Y es eso lo que se intentó producir en la Argentina de los últimos diez años: la convicción de que no había otro camino que tirar al río a la mitad de la población, para que se salvaran los que lograban sobrevivir. La contigüidad de un ministro Asperger, cuyo empecinamiento racional podría muy bien ser representado por el de un señor que ha sacado una hipoteca y está resuelto a pagarla más allá de que con los intereses que le cobraron ya lo hizo cien veces, y que empecinado en saldar su deuda deja que muera la esposa de tuberculosis, los niños de inanición, el abuelo por falta de medicación, y sigue y sigue tratando de convencer a todos de la necesidad no ya moral sino material de pagar esa deuda cuyo incumplimiento, dice, les augura la muerte, permite vislumbrar una imagen que hubiera sido grotesca si no fuera por el patetismo en el cual sumergió al país.

No hay en esas acciones planificadas con el aval de socios que son corporaciones y computadoras que definen diariamente quién se salva y quién se hunde, nada de la crueldad de los viejos patrones de estancia argentinos que sostenían el poder a rebencazo y cepo. Y sin embargo, en este país de tradiciones profundas, los bonos provinciales retornan en el marco de la racionalidad mediática y la tercera moneda no tiene nada que envidiarle a los vales para carne, galleta y vino con los cuales los dueños de la tierra se quedaban con un plus de salario mediante un canje que sólo podía ser realizado en sus propias pulperías. Por eso no es casual que sea un caudillo de la tierra la opción que se ofreció aunque no duró, como resultado de la tempestad desatada en las vísperas de esta Navidad austera no por convicción cristiana sino por despojo planificado. Da cuenta su elección, transitoria o no, de la nueva economía "mixta": una parte capitalismo de última generación, vale decir neoliberalismo de cepo, otra parte retorno a las viejas tradiciones en las cuales el país de los excluidos encuentra vales que permiten la supervivencia en una reducción a la inmediatez para la cual el paternalismo degradado, ya no del ogro filantrópico sino del murciélago que lo acompaña, sigue chupando lo que queda de lo que ya no tenemos.

Y la mezquindad de los políticos se expresó tanto en la elección de ese presidente de siete días como en los cálculos escandalosos que hicieron oficialismo y oposición para ver sus posibilidades electorales, al margen de las necesidades del país. Y si las fotos tanto del gabinete de Rodríguez Saá como de su encuentro con los caudillos cegetistas fueron láminas grotescas, fuera de época, para un almanaque de 2002 ilustrado por Molina Campos, las declaraciones de los dirigentes de las fuerzas hasta entonces mayoritarias a nivel político dieron cuenta del conteo escandaloso de la prospectiva de votos, como si el país fuera una enorme mesa de dinero política en la cual en lugar de apostar al valor del dólar para dentro de dos meses se apostara al caudal de votos que podría enriquecer a algunos o voltear a otros.

Sin embargo, en medio de esta sensación de destino trágico, la voluntad de seguir haciendo nos sorprende cotidianamente. Hay en mi barrio una señora, sobria y educada, que todos los días produce una historia que vende a quien se le cruce a cambio de una limosna: hoy con un hijo epiléptico, ayer un marido hemipléjico, mañana su madre inválida que ha tomado a cargo los nietos huérfanos, alguna vez contó que le habían robado la cartera, otra, que vino a ver a un familiar enfermo y ahora tiene que internarlo... Sus mentiras producidas sobre el trasfondo de una verdad tan banal que ya no convoca a nadie, como la de ser sola, desocupada y sin hombre que la sostenga, apelan constantemente a una inventiva digna de la picaresca más tradicional –lo cual no obtura el hecho de que en esa verdad que retorna de una familia diariamente inventada de viejos lisiados y niños carentes, despojo de bienes y orfandad, asoma su propio rostro dando cuenta de que no es de otros que habla, sino de sí misma, ya que ella es la conjugación de todos los personajes que habitan sus relatos–. Si su representación cotidiana provoca la indignación de muchos que no comprenden la profunda creatividad que anima su desesperanza, despierta también la simpatía de otros que saben que en ella confluye un país en cuya exterioridad volcada por las calles se despliegan todos los modos del arte como desbordamiento del espíritu que se rehúsa a ser aplanado a lo puramente autoconservativo. Cuando la he encontrado comprando no un pan sino una medialuna rellena con el dinero tan trabajosamente obtenido –medialuna que no me extrañaría que haya comido en otra época con platito y mantel–, sé que en ella asoma también el país que se rehúsa a morir, con su producción desbordada de cine, teatro, pintura, recitales, encuentros vecinales, relatos en voz alta, diálogos insólitos entre desconocidos, poetas que autoeditan, revistas de papel pobre e ideas ricas, bandoneones y bailarines derramados generosamente sobre nosotros. Y que sus historias dramáticas son fragmentos de un aguafuerte que se ha encontrado con un mundo en el cual no hay enmarcado posible si no lo construimos, porque ya no queda resto para un diálogo de lechería en el cual retorne la muletilla con la cual Arlt hizo famoso el verso amoroso del porteño: "Pero, acaso, ¿yo te juré amor eterno?"[2], dicho en este caso por un político al cual le reprochamos como una novia desengañada sus promesas incumplidas.

El gesto de mi vecina que algunos califican de soberbio, que se niega a comprar pan y sigue comprando medialunas de manteca, es, por otra parte, una afirmación de su voluntad de rehusarse a una desidentificación de sí misma. Si ella cede, si acepta que con lo que obtiene de su trabajo de representación sólo puede sobrevivir, la vida pierde todo sentido porque ha dejado de ser, definitivamente, quien era. Recuerdo una historia del exilio: un amigo, abogado y docente universitario, fue convocado por un empresario a poner en marcha una fábrica de muebles. La propuesta no por absurda era carente de racionalidad: excelente carpintero, hijo de un ebanista austríaco que le había enseñado el oficio en la infancia por amor a la madera y no como perspectiva laboral, se negó sin embargo a aceptarla sabiendo que ganaría mucho menos si continuaba enseñando en la universidad, empacado en sobrevivir con un sueldo que le garantizaba la identidad al costo de una supervivencia económica en el borde mismo de sus necesidades. Su argumento fue el siguiente: "Mi padre me hizo estudiar porque no quería que yo estuviera, como él, en la carpintería. Yo no puedo volver allí, se han sacrificado demasiadas generaciones de carpinteros para que yo fuera doctor".

---

[2]   En el "Diálogo de lechería" de sus *Aguafuertes Porteñas*.

Y bien, en este país se han sacrificado demasiadas generaciones de obreros del calzado, de costureras, chacareros y kiosqueros, para que sus hijos vuelvan a trabajar por nada, para que sus nietos no tengan garantías educativas mínimas, para que sus hijos vayan a la Universidad Tecnológica para no ser torneros como ellos y acaben manejando un taxi porque no habiendo ya torneros en el país tampoco son necesarios ingenieros industriales, para que no puedan operarse porque en el hospital no hay camas, y luego, después de tanto sacrificio, para que ni siquiera puedan enterrarlos porque el PAMI se quedó sin cajones.

Pero si hay algo que todos podemos afirmar porque tenemos la corroboración cotidiana y la certeza subjetiva, es que el índice "dolor país" se ha ido incrementando a lo largo de los años, y que gran parte de los argentinos parece haber pasado de la desesperación a la desesperanza, lo cual no es indicador de ningún progreso, ya que la desesperación puede perfectamente conducir a la esperanza, mientras la desesperanza es la convicción dramática de que el futuro no tiene nada para ofrecer, y que la única expectativa radica en la evitación de que los tiempos que están por venir no sean aun peores que los actuales.

La dramática frase que Andrés Rivera hace farfullar a Castelli, el orador de la Revolución, con la lengua destruida por el cáncer al final de su novela: "Si ves al futuro dile que no venga"[3] ha estado en los últimos tiempos en la cabeza de todos los argentinos, convencidos de que nada bueno se puede ya esperar y que la agonía sólo puede prolongarse indefinidamente, ya que no necesariamente el camino a recorrer sería el de sucumbir violentamente a la debacle, sino el desmantelamiento, ruidoso y acelerado por momentos, silen-

---

3   Andrés Rivera, *La revolución es un sueño eterno*, Alfaguara, Buenos Aires, 1993.

cioso y paulatino en otros, pero siempre implacable, no sólo de los sueños sino de lo ya construido, de todo lo que alguna vez fuimos en esta capital de un imperio que nunca existió.

Ha estado en la cabeza de todos hasta el miércoles 19 de diciembre, cuando comenzaron las cacerolas y siguieron las batallas en la calle, cuando asomados a las ventanas muchos tuvimos la sensación de que sobre la ciudad no se derramaba aceite hirviendo pero sí el hervor de muchos días, meses, años incluso de frustración y decepción. Y la caída de un presidente débil e incapaz de parar la propuesta demencial de su ministro de economía, no sólo por falta de una mejor sino porque nunca supuso siquiera que pudiera ser más que un administrador-bisagra entre los deudores que constituían su electorado y los acreedores que eran su garantía de existencia, o porque ese ministro representó perversamente su verdadera intención de administrar el país arrojándolo desde lo alto al río como –según afirman ciertos medios– algunos de sus familiares políticos lo hicieron con los cuerpos de otros compatriotas, restituyó la dignidad y tal vez la esperanza a este castigado país. No hubo aceite hirviendo pero de alguna manera supimos medir fuerzas, y pudimos probar que la derrota de los sueños acumulados de varias generaciones, sueños arrasados en la década del setenta con los cuerpos y cabezas de quienes los soñaron, retornaban de la pesadilla. Por eso no nos alcanza con la huida de Sobremonte en helicóptero desde el techo de la Casa de Gobierno, porque si Fernando VII hoy no tiene corona, sino acciones, y bonos, y medidores de "riesgo país", y retiro del Estado de sus obligaciones de velar por la salud, la educación, e incluso la muerte digna de sus habitantes, diciembre no es simplemente el estallido de la bronca condensada sino, tal vez, el inicio de la recomposición de un conjunto de significaciones acerca de quiénes somos y sobre qué horizonte no sólo económico sino representacional queremos estructurar nuestras vidas.[4]

---

[4] Las colonias españolas en el Río de la Plata eran gobernadas por un Virrey, que era nombrado por el Rey de España para que lo representara en estas tierras. Pero el 25 de mayo de 1810 los criollos lo depusieron y lo reemplazaron por una Junta elegida por el pueblo. Los acontecimientos que prepararon el estallido de la revolución fueron: Inglaterra se hallaba en guerra con Francia y España desde 1804; necesitaba, por lo tanto, conquistar nuevas colonias que le proveyeran de la materia prima que sus industrias necesitaban y le compraran los productos manufacturados que los europeos se negaban a adquirir. La primera invasión comandada por Beresford llegó en 1806. El pueblo de Buenos Aires, sin embargo derrotó a las fuerzas inglesas. Ante la irresponsabilidad del Virrey Sobremonte, delegado de Fernando VII, para enfrentar la situación, la voluntad popular se expresó por medio del Cabildo y, por primera vez, derrocó al Virrey asumiendo el poder y nombrando a Liniers en su lugar. Se tomó entonces la decisión de formar las primeras milicias, que tan importante actuación tuvieron en la Revolución de Mayo. Cuando los ingleses intentaron, al año siguiente, una nueva invasión, Sobremonte huyó abandonando las tropas que tenía a su cargo. Como consecuencia de ello fue destituido y enviado prisionero a España. Los ingleses marcharon hacia Buenos Aires. Liniers, que había sido nombrado Virrey, los enfrentó en los Corrales de Miserere, donde fueron derrotados. Como consecuencia el pueblo supo, a partir de entonces, que era capaz de defenderse; la huida de Sobremonte quitó prestigio a las autoridades españolas; en los criollos surgió la idea de liberarse de España; todo esto desembocó en la Revolución de Mayo, y se considera su antecedente principal.

II. Dolor País

¿Cómo se mide, en índices aceptables, la suba inexorable del "dolor país"? Si la sensación térmica es una ecuación entre temperatura, vientos, humedad y presión atmosférica, ¿por qué no emplear combinadamente las nuevas estadísticas de suicidio, accidente, infarto, muerte súbita, formas de violencia desgarrantes y desgarradas, venta de antidepresivos, incremento del alcoholismo, abandono de niños recién nacidos en basurales –metáfora magistral de la convicción que tienen los miserables irredentos de que su prole no tiene ni tendrá otro destino–, deserción escolar, éxodo hacia lugares insospechados. para medir el sufrimiento a que somos condenados cotidianamente por la insolvencia no ya económica del país sino moral de sus clases dirigentes?

El Programa de las Naciones Unidas para el Desarrollo evaluó en algún momento "índices de sufrimiento humano", construidos a partir de diferentes variables: inseguridad, expectativa de vida, tasa de suicidios, mortalidad infantil. Estos datos objetivos no dan cuenta sin embargo, tal vez porque es imposible hacerlo, de los múltiples dolores cotidianos, del desgarramiento interior de quienes los padecen: habría que sumergirse hasta el fondo de los seres humanos, tolerar el horror que números y planillas no re-

DOLOR PAÍS Y DESPUÉS...

flejan, para encontrar allí las imágenes de la devastación sorda a la cual han sido sometidos.

Durante la ocupación alemana, se solicitaba a la dirección judía de los guetos una cuota diaria de nombres que ellos mismos debían entregar, suponiendo que la decisión tomada era hecha en función de enviar a algunos a la muerte para salvar a otros. En definitiva, esa cuota no fue sino un engaño, el modo con el cual se logró la colaboración silenciosa de quienes debían elegir, día a día, quién se salvaba y quién moría; y aquellos que lo hicieron supieron que las pobres justificaciones que los alentaban a realizar la bajeza de ese trabajo no eran sino el encubrimiento de su propio terror, la degradación cotidiana hacia la desidentidad absoluta. Hoy nuestras clases dirigentes deciden si le quitan los antibióticos a una maestra o la medicación antihipertensiva a un jubilado, y la llamada reingeniería empresarial obliga a sus próximas víctimas a un diseño cuidadoso de la cuota diaria que deben entregar quienes aún deciden sobre los otros, sabiendo que ese lugar puede alternarse y en cualquier momento se producirá respecto a ellos mismos la expulsión definitiva de la vida.

Hay en la infancia un sentimiento de desvalimiento que da lugar a la más profunda de las angustias: se trata de la sensación de "des-auxilio", de "des-ayuda", de sentir que el otro del cual dependen los cuidados básicos no responde al llamado, deja al ser sometido no sólo al terror sino también a la desolación profunda de no ser oído. A tal punto es así, que puede devenir "marasmo", un dejarse morir por desesperanza, por abandono de toda perspectiva de reencuentro con el objeto de auxilio.

Y de eso se trata con la desaparición de las funciones mínimas del Estado, porque como decía un cartel de los piqueteros: "Tenemos tres problemas: no tenemos trabajo, no nos jubilan, no nos morimos...", en un país en el cual la desocupación no sólo arrastra la lesión moral de no sentirse necesitado por nadie, de ser sobrante inútil de la masa humana que construye riquezas, sino que implica una agonía deteriorante y paulatina para quien se ve sometido a ello dado que la orfandad a la cual el Estado lo condena se extiende a su mundo entorno, a todo lo que ama.

Porque no alcanza con la crisis para sumirnos en este "sobremalestar", en esta sensación de dolor profundo que consume hoy a la mayoría de los argentinos, que nos embarga hasta la cursilería –como cuando se nos hace un nudo en la garganta al recordar un vejo comercial en el cual un avión despegaba mientras una voz decía: "Aerolíneas Argentinas, la Argentina que levanta vuelo", o se nos seca la boca escuchando una canción patria que fue motivo de chistes infantiles: "Alta en el cieeeeloooo, un águila guerrera..."–.

El "dolor país" se mide también por una ecuación: la relación entre la cuota diaria de sufrimiento que se le demanda a sus habitantes y la insensibilidad profunda de quienes son responsables de buscar una salida menos cruenta. El suplemento de modas de un diario de esta ciudad traía el jueves, en el marco de una semana de quitas y levas, de protestas y enfrentamientos, un titular extraordinario en su banalidad irresponsable: "Las colecciones de París. El mundo es un lujo". Y en páginas interiores, el casamiento de la hija del ministro que se quedó sin lágrimas de tanto tomar medidas que lo desgarran, con el mismo vestido de encaje que debió ser salvado del vandalismo resentido de quienes esperaban en la puerta. Se puede, por supuesto, cuestionar el derecho a inmiscuir lo público en lo privado, a llevar hasta la boda de una joven la hostilidad reinante en esta ciudad devastada, a arruinar "el día más feliz de la vida de una mujer" trasladando la guerra al salón de fiestas elegido, situado en la "reserva ecológica" de la ciudad, una de las zonas en la cual aún se salvan algunas especies naturales del país. Pero convengamos en que hay algo perverso en la ostentación de riqueza y bienestar con la cual se acompañan, simultáneamente, sin intervalo temporal, las demandas más brutales de sacrificio a la Nación con la exhibición del goce de quienes las realizan.

La "guerra de los pasteles" fue un episodio de la historia de Francia: la respuesta que dio el pueblo a la frase terrible de María Antonieta, esposa de Luis XVI: "¿El pueblo no tiene pan? ¡Que coma pasteles entonces!". Y la inmoralidad salta a la vista, tal vez porque ocurrió en otro país y en otro tiempo, y a nadie le hubiera parecido injusto que le hicieran un nudo en la boca con su pretenciosa peluca si podía decir cosas tan desalmadas sin ninguna sensibilidad hacia el sufrimiento ajeno.

Hace algún tiempo se hizo una encuesta en Estados Unidos para elegir al personaje más detestable de los cuentos infantiles; fue nominada, por mayoría y sin dudas, Cruella de Ville. Podemos avanzar alguna interpretación al fenómeno: la madrastra de Blancanieves está celosa de su marido; la de Cenicienta ama a sus propias hijas por encima de todo escrúpulo; el hada devenida mala de *La bella durmiente* actuó por resentimiento, por exclusión, por no haber sido invitada a la fiesta de bautismo –ya quisieran nuestras clases gobernantes despertarse después de cien años de dormir con el beso de un príncipe y todo intacto para retomar la fiesta–. Pero Cruella de Ville no tiene motivos, más que su vanidad, su falta de sensibilidad por el sufrimiento ajeno, la "banalidad" de su egoísmo, el hecho de que pueda quitar la piel del otro sólo para hacerse un objeto de lujo, ni siquiera para sobrevivir. Que alguien quiera reencontrar en ese personaje a la ministra que cubrió de zorros su devastada desnudez para mostrar vanidosa, impunemente, adónde iban a parar las comisiones de robos y malas ventas no exige demasiada suspicacia; pero lo que sí hay que reconocer es que no se vendieron las joyas de la abuela, en un país donde ya no quedaban ni las perlas en las ostras, sino la carne, la sangre y los dientes de todos los viejos, y la posibilidad de que aquellos que aún tienen tiempo por delante se hayan quedado sin futuro con el cual llenarlo.

Morgan y sus colegas nos han hecho entrar en la zona roja del mundo. Todos los días miden el "riesgo país" con un cuidadoso cálculo que define si tendremos o no libreta sanitaria para seguir trabajando, para seguir siendo plausibles de generar ganancias sin riesgo de infección. Y cada día miles de argentinos pauperizados repetimos aterrados los índices que pueden arrojarnos a la calle, o permitirnos seguir viviendo con un costo cada vez mayor y una sensación de indignidad profunda. Éste también es el "dolor país": la imposibilidad de salir de la esterilidad condenada a la cual nos sentimos arrojados, de la cual sólo puede desatracarnos la convicción inexorable de que tenemos el derecho de recuperar los sueños que, como decía María Seoane[*], anidan en los pliegues del siglo XX, para darles una textura nueva que los haga compatibles con los tiempos que comienzan.

---

[*] Periodista, escritora, autora de los libros *La noche de los lápices*, *El Dictador* y *Todo o nada*. (N. del E.)

III. La derrota del pensamiento

Nuestra generación de intelectuales, si no recupera sus raíces, corre el riesgo no sólo de perder su legado histórico sino de dejar a la sociedad argentina en su conjunto erráticamente librada a los oportunistas del momento. Subordinada la política a la economía, subordinados gran parte de los intelectuales a los organismos oficiales, no es un rasgo de audacia sino de realismo afirmar que esta disolución constituye el factor más importante de la imposibilidad de construir una perspectiva de futuro que permita la recomposición de las significaciones sociales.

Porque si hay hoy una carencia fundamental sobre la cual se produce gran parte del sufrimiento moral que acompaña las pérdidas materiales de casi la totalidad de la población del país, ésta está constituida por la derrota del pensamiento; derrota del pensamiento que se pone en evidencia cuando la improvisación y la farandulización que ya había capturado la vida cotidiana se convierten en el eje alrededor del cual se determinan posiciones y juegan estrategias respecto a cómo gobernar los destinos del país. Dando cuenta, sin embargo, los últimos resultados electorales, de que en el imaginario colectivo ya no hay espacio para ejercer el poder simplemente como una representación y transformar la política en un deporte

–ni siquiera cuando los profesionales del deporte y del
espectáculo intentan reemplazar a los amateurs que los
ejercen–, lo cual es puesto al descubierto con los votos
anulados y en blanco que constituyen simultáneamente
la explicitación del deseo de conservar el derecho a elegir y el hastío ante la reiteración de esa combinatoria de
mala fe e inoperancia que se manifiesta, desde hace años,
a través del alternado retorno de las corrientes dominantes de la política.

Si ello nos obliga a un esfuerzo mayor para aceptar el
riesgo de asomarnos al pensamiento sin temor a caer fuera
de lo instituido, es requerimiento del proyecto de recuperación que nos compete saber dónde nos quedamos en el
último recodo del camino. Hemos sido golpeados por las
catástrofes del siglo XX, lo cual lleva a que algunos piensen
que se puede justificar todo porque él fue acabando con
nuestras certezas. Sin embargo, si no recuperamos nuestra historia, no sólo quedamos definitivamente huérfanos,
sino que privamos de futuro intelectual a las generaciones
que ya comienzan a insertarse con el esfuerzo que todos
conocemos en el campo productivo.

Avergonzados por la derrota de la utopía, que constituye nuestro principal fracaso, hemos sido lanzados a un
duelo patológico, en el cual nos rehusamos a reconocernos
en nuestros orígenes y en las virtudes de nuestros padres
teóricos. Somos hijos, sin embargo, y con el tiempo, de las
propias representaciones que nuestra mente guarda de
aquellos que nos engendraron, y la intelectualidad argentina tiene su destino inevitablemente ligado a las ideas más
avanzadas del siglo XX. Su intención de desprenderse de
ellas sin darles una nueva dirección la reduce a la inmediatez, y es engañosa, porque agazapadas en el fondo de
nosotros mismos, no podemos renegar su existencia ya que
constituyen nuestro único capital.

Quienes se jactan de no sufrir el dolor de la pérdida de
esperanza por un mundo distinto "porque nunca creyeron"

dan cuenta de un razonamiento tan lamentable como el de quien fuera al velatorio de la mujer de su amigo diciendo: "Qué suerte que nunca me enamoré, para no tener que sufrir lo perdido". A diferencia de ello, quien ha amado puede volver a amar, porque un desencantado es siempre alguien que sufre por el encantamiento previo, pero esta circulación constituye una manera de estar vivo, ya que podemos defendernos de todas las ilusiones, pero estaremos muertos antes de dar batalla si renunciamos a la esperanza.

Nuestra producción está atravesada de síntomas, efecto de nuestra imposibilidad de recomponernos aun de nuestras derrotas –que yo sería muy cuidadosa en calificar en su conjunto como errores–. Hemos devenido "razonables", pagamos demasiado caro el salto de la esperanza a la ilusión; se fracturó en muchos momentos la pata que nos sostenía en el principio de realidad. Los que sobrevivimos tenemos una deuda con la vida: como los judíos post-campo, debemos ser "respetables" para que nuestra voz se oiga, para que nuestra memoria se conserve, para que no todo desaparezca. Sin embargo, la persistencia de nuestra presencia no siempre garantiza la persistencia de nuestro ser.

Conocemos nuestro lado flaco: fuimos dogmáticos en la mayor parte de los casos, trasladamos la religión a la ciencia, a la política, a la filosofía, lo cual nos obliga a ser cautelosos; ¿cuáles son los límites, sin embargo, de esta cautela? Ellos están dados, en mi opinión, por la necesidad de no confundir respeto, en el marco de la democracia política, con relativismo intelectual ante el sufrimiento entorno. Las consecuencias de esta confusión se ponen en evidencia en la carencia, más allá de uno u otro intento aislado, de una reflexión profunda acerca de la condición humana en las circunstancias históricas en que nos toca vivir.

No siendo la Universidad hoy un espacio devastado por el accionar represivo, corre sin embargo el riesgo de devenir una institución inoperante desde el punto de vista de formar inteligencia, intelectuales críticos, si cede sus

objetivos más importantes a la eficacia de un saber tecno-
crático. Sabemos de los límites de la producción de conocimientos en el marco de la subordinación material y moral
que se pretende de nuestro país a partir de las deudas con-
traídas como efecto más del robo y la expoliación que de
la mala administración. Si en los países ricos las grandes
corporaciones se permiten la donación de fondos a las instituciones de investigación para que puedan ejercer todos
los devaneos necesarios para el progreso del espíritu, la
propuesta para nosotros, las factorías de la periferia, es la
de reducirnos a investigación de segunda y a la ausencia
de saber no aplicable en lo inmediato. Pero no nos con-
fundamos: es precisamente de la tensión existente entre
investigación destinada a la aplicación inmediata y pensamiento científico o filosófico deambulatorio y sin objetivo
inmediato que surgen los verdaderos conocimientos futu-
ros, que se producen las ideas que constituyen los grandes
saltos del pensamiento humano.

He definido como "malestar sobrante", desde la perspectiva que me compete, a esa cuota de malestar extra que
nos vemos obligados a pagar en ciertos casos más allá de las
necesarias e imprescindibles renuncias que toda vida social
impone. Y el malestar sobrante no se reduce, en nuestra
sociedad actual, sólo a la dificultad de algunos de acceder
a bienes de consumo, ni tampoco es efecto únicamente del
dolor que podemos sentir otros, más afortunados material-
mente pero en tanto sujetos éticamente comprometidos y
atravesados por ciertos valores que nos vinculan a la categoría general de "semejante", por disfrutar beneficios que
se convierten en privilegios frente a la carencia entorno.

El malestar sobrante está dado, básicamente, por el hecho de que la profunda mutación histórica sufrida en los
últimos años deja a cada sujeto despojado de un proyecto
trascendente que posibilite, de algún modo, avizorar modos de disminución del malestar reinante. Porque lo que
lleva a los hombres a soportar la prima de malestar que

cada época impone es la garantía futura de que algún día cesará ese malestar, y en razón de ello la felicidad será alcanzada. Es la esperanza de remediar los males presentes, la ilusión de una vida plena cuyo borde movible se corre constantemente lo que posibilita que el camino a recorrer encuentre un modo de justificar su recorrido. Por eso en la propuesta que cada sociedad tiene para los niños se ve claramente el carácter real de sus expectativas futuras.

Desde esta perspectiva, tal vez la tarea de los intelectuales consista en la recomposición de las vías para evitar que el malestar sobrante que acompaña el sufrimiento que hemos denominado "dolor país" devore su pensamiento, en la posibilidad de instrumentar nuevas preguntas con respeto por la historia pero sin que la nostalgia por el pasado o la reificación del presente inunde las posibilidades creativas. Si esto se logra, si el contrato implícito de los intelectuales con nuestro tiempo lo posibilita, la denuncia puede no redundar en queja y la dificultad no cerrarse en autocomplacencia frente a las dificultades.

IV. La difícil tarea de ser joven

Si toda sociedad crea significaciones específicas que estructuran las representaciones del mundo[5], representaciones que constituyen el marco en el cual se designan los fines de la acción y se definen los tipos de los afectos característicos, es inevitable que una sociedad inestable, atravesada por acontecimientos históricos aún no metabolizados y cuyo movimiento no garantiza que se encuentre en tránsito hacia lugar previsible alguno, no pueda homogéneamente determinar el marco representacional en el cual se insertan las generaciones que acceden a la historia. Éste es tal vez nuestro mayor drama, pero quizá también nuestra mayor esperanza, porque en los intersticios de la cerrada malla de desesperanza y desidentificación que envuelve por igual a todas las generaciones de esta Argentina de 2000, se cuelan los sueños y esperanzas adormilados de cuyo trasfondo puede advenir un proyecto.

La categoría "juventud" no remite a una simple cuestión cronológica. Porque si bien se define en el marco de esa etapa de la vida que está entre la adolescencia y algo posterior –la vejez para algunos, la madurez para otros–, en su definición siempre se hace alusión a la energía, vigor, frescura que constituyen sus rasgos principales. Por eso subjetivamente, y no

---

[5]   Cornelius Castoriadis, *El ascenso de la insignificancia*, Cátedra, Madrid, 1998.

sólo a nivel individual sino en el conjunto de representaciones sociales, "juventud" alude inevitablemente a la posibilidad de goce y futuro: "perder la juventud" puede ser tanto del orden del desaprovechamiento del tiempo de construcción de una perspectiva de vida como de la ausencia de placer, de los aspectos lúdicos que la acompañan. Frases como "me robaron la juventud", "yo no pude aprovechar mi juventud" dan cuenta del posicionamiento con el cual alguien se confronta a esa etapa que considera del orden de la temporalidad que acaece y a través de la cual transcurre su vida.

Por eso no es absurdo preguntarse cuánto de juventud atraviesa esta etapa de quienes hoy tienen en la Argentina la edad que supone su ejercicio, su apropiación, su disfrute. Reducidos a la inmediatez de la búsqueda de trabajo, o inmersos en una vida universitaria cada vez más costosa desde el punto de vista moral y económico, nada garantiza que el tiempo permita el devenir de algo que culmine o dé curso a una perspectiva de avance. Entre la conservación de lo insatisfactorio y el temor a perderlo porque nada augura su relevo por algo más fecundo o placentero, no hay postergación sino vacío, ya que tampoco hay garantías de que los tiempos que vienen se constituyan realmente en futuro. Conocemos los afectos dominantes que definen esta etapa del país: de la rabia a la desilusión, la alternancia no deja sino pequeños resquicios por los cuales resurge la esperanza. Y ésta es breve: se reduce a pequeños movimientos individuales o colectivos, efímeros o que encuentran su continuidad en otra parte. Y aun aquellos que acabamos de presenciar en las últimas semanas de diciembre, que nos llenaron de juventud nuevamente el espíritu porque nos dieron por primera vez en mucho tiempo una pequeña apertura hacia el futuro, fueron rápidamente eclipsados. Y no por la represión que en otro país del mundo se consideraría brutal, pero que en estas tierras en las cuales aún se desplazan las sombras de treinta mil víctimas no alcanza a convocar a un entierro popular masivo porque nos hemos habituado demasiado a no velar todos juntos a los nuestros ni siquiera ahora que tenemos el derecho de enterrarlos, sino porque el sistema político rápidamente se cerró sobre el hiato y lo vendó sin dejar una mecha para que siga drenando, sin limpiar los restos necrosados que lo siguen arrastrando a su decadencia.

Por eso el éxodo que está en el horizonte mítico de toda la sociedad argentina no es sólo un síntoma de la ausencia de salidas, sino del abandono de su búsqueda. El proceso de desidentificación se acelera, y el sentimiento de pérdida de referentes abarca a todos los grupos, sean sociales o generacionales. Cuando De la Rúa era aún presidente de la Nación dijo, ante el éxito de los jóvenes futbolistas del Sub '20, que se sentía muy contento porque "ahora esos muchachos podían encontrar buenas oportunidades en el exterior"; su discurso no sólo fue patético, sino rayano en la inmoralidad, en la medida en que convalidaba la idea presente en la mayoría de que la única salida posible es hacia el exterior. Como el conjunto de nuestra sociedad, el fútbol argentino se sostiene porque sigue nutriéndose de talentos que llenan el vacío dejado por el drenaje al cual está sometido constantemente; drenaje que no es sólo el producto de la voracidad de los dirigentes sino de la resignada aquiescencia de la hinchada convencida de que no hay ya posibilidad dentro del territorio que va de los Andes al Atlántico de que algo pueda fecundar, crecer y reproducirse en un ciclo sin fracturas.

La imagen de un joven de dieciocho años baleado en General Mosconi[*], en el marco del sofocamiento del intento desesperado de los piqueteros por generar algo distinto a su miseria cotidiana y a su tiempo sin futuro, constituye un paradigma terrible de la juventud que no puede ya optar: cuadripléjico como resultado del ataque sufrido, recuesta su cuerpo paralizado en un colchón asentado sobre ladrillos que lo separan de un piso de tierra, en el interior de una casi-

---

[*]   Localidad de la provincia de Salta en la cual se ha instalado fuertemente el movimiento piquetero. (N. del E.)

lla de madera sin ventanas que la gente del lugar construyó para él, su madre y ocho hermanos, en aras de brindarle algo más confortable que las paredes de cartón y el techo de lona con el cual se cubrían antes de que quedara reducido a la inmovilidad. Pero detrás de esta representación actualizada de la Pasión, se perfila el sacrificio colectivo de sus pares y los restos de un país solidario que puede aun renunciar ya no sabemos a qué elementos cotidianos de autosubsistencia para armar la precaria instalación que le da entorno al semejante. Y es aquí donde retorna el sentido que posibilita constituir un espacio para los jóvenes, en virtud de que se articulan significaciones que arrancan de la inmediatez autoconservativa a la cual parecería condenar la situación actual. Es desde esta dimensión que se abre la posibilidad de producir un proceso de identificación recíproca que permite recuperar la condición de humanidad en riesgo: construcción cotidiana de sentido, de propuesta, de proyección futura, he aquí los requisitos de una humanización posible que genere condiciones para que cada uno se sienta re-identificado a sí mismo.

Porque lo brutal de los procesos salvajes de deshumanización consiste, precisamente, en el intento de hacer que quienes los padezcan no sólo pierdan las condiciones presentes de existencia y la prórroga hacia adelante de las mismas, sino también toda referencia mutua, toda sensación de pertenencia a un grupo de pares que le garantice no sucumbir a la soledad y la indefensión. Y es allí, en esta renuncia a la pertenencia, a la identificación compartida, donde se expresa de manera desembozada la crisis de una cultura, y la ausencia en ella de un lugar para los jóvenes.

La Argentina de la década del ochenta puso de manifiesto que los viejos ya no tenían un lugar en el cual sostenerse, y que todo lo sobrante sería recortado. La categoría familiar "abuelo", con la que se intenta el reemplazo de la socioeconómica "jubilado", marca el pasaje de la deuda contraída por la sociedad con sus trabajadores al intento engañoso de hacerla entrar en el registro de la compasión y la beneficencia. En los noventa, el abandono del Estado de sus responsabilidades educativas fue acompañado de la patologización de los procesos de aprendizaje, la medicación a mansalva y la transformación de la infancia en un estadio definido por el adiestramiento para la vida productiva más allá de toda socialización y al margen de toda formación: inglés, computación, portugués –mientras el Mercosur exista– para quienes aún pueden aspirar a una vida con inserción laboral; limpieza de vidrios de autos en los semáforos, apertura y cierre de puertas de taxis, mendicidad organizada para aquellos que se insertan en los nuevos modos de trabajo bajo los cuales la marginalidad encuentra una salida para la autosubsistencia.

Y hoy llegó la hora de la liquidación de la juventud: contratos laborales que llegan a su renovación mensual, ausencia de perspectivas post-universitarias para quienes aún estudian, jornadas de 14 y 15 horas de trabajo que no dejan margen ni para el café con los amigos ni para la vida cultural o social que llenaba antes las horas del ocio productivo en las cuales se completa la formación de un joven, para aquellos que aún tienen trabajo actual o futuro. Y el resto, que se pudra entre el *tetrabrick* y la deambulación marginal, si una bala certera –no errática– de las fuerzas del orden no da un corte si no precoz al menos anticipado a esas vidas que no pueden considerarse jóvenes ya que se constituyen en un tiempo sin pasado y sin espera, un tiempo sin historia que sólo podrá llenarse cuando algo lo resignifique en el marco de una prospectiva. Por eso la recomposición de las representaciones compartidas no es una tarea marginal en virtud del argumento de que lo único que cuenta son los grandes problemas de la economía. Nos han habituado en los últimos tiempos a la propuesta de pensar desde un reduccionismo financiero a partir del cual parecería que todo lo que es del orden de la aspiración social, de los sueños y deseos colectivos por un futuro mejor es pura imaginería carente de principio de realidad. Es acá donde se opera el mayor despojo padecido: no ya el de los proyectos, sino el del derecho a soñar con una prospectiva distinta en la cual no se trate sólo de perder menos sino de permitirse aspirar a más.

Conocemos los dos grandes peligros que acechan al psiquismo en situaciones como la presente: la pérdida de investimientos ligadores al semejante, que dejan al sujeto sometido al vacío y lo sumen en la desesperanza melancólica del desarraigo de sí mismo, y la desidentificación de sus propios ideales, de aquello que alimenta no sólo la esperanza del yo en su atravesamiento amoroso de llegar a sentirse querible por sí mismo, sino porque realiza, de algún modo, algo del orden de las generaciones engarzándose en un devenir que le permite sortear el horror de la propia muerte. Sabemos también que no basta con la disminución de las tensiones para que un ser humano se sienta vivo, y que la resolución de lo autoconservativo es insuficiente si no se sostiene en un orden de significaciones en contigüidad con una historia que le garantice que el sufrimiento presente es necesario para el bienestar futuro, tanto de sí mismo como de la generación que lo sucederá, en la cual cifra la reparación de sus anhelos frustros y de sus deseos fallidos. Es desde este lugar que podemos, tal vez, contribuir junto a otros a recuperar el concepto de "joven", no ya como una categoría cronológica, ni por supuesto biológica, sino como ese espacio psíquico en el cual el tiempo deviene proyecto, y los sueños se tornan trasfondo necesario del mismo.

V. La salud política

Hay en el campo argentino una antigua ley contra el cuatreris-
mo que dice que se puede matar un cordero por hambre pero
que el cuero debe ser dejado en el alambrado. Es éste el signo
de que se ha comido pero no lucrado, de que uno se ha apropiado de lo más vital pero que no ha hecho usufructo, de que
se ha respetado la propiedad defendiendo al mismo tiempo lo
único que no puede ser subordinado a ella: la vida humana.
En ese país de la ley del anticuatrerismo humanitario durante
generaciones los niños cantaron: "Los pollitos dicen pío pío
pío, porque tienen hambre, porque tienen frío". La cantaron
en el jardín de infantes, en esos años en los cuales el hambre
y el frío eran cuestión, en la Argentina, de canciones y relatos.
La cantaron antes de que los pollitos de San Sebastián[6], los
miles de pollitos que quedaron condenados a muerte luego
del cierre y despido de mil doscientas personas, se mataran
a picotazos en su desesperación porque nadie proveyó ya los
granos con los cuales la matanza pudiera haberse evitado.

La noticia, paradigma del país trágico, salió en la sec-
ción financiera del diario, produciendo una metáfora vivien-

---

[6]   Empresa avícola perteneciente al monopolio Cargill, que al retirarse del
país no actuó de modo muy diferente al cual lo han hecho en general estos
capitales respecto a los habitantes: dejó a los pollitos encerrados en sus jau-
las sin alimentos y sin preocuparse de darles algún destino menos terrible.

te del canibalismo económico, trayendo la cuota de horror necesaria para que las cifras perdieran la opacidad detrás de la cual se oculta la desesperación. Un día después, Wang Zhao-He, conocido como Juan, el chino del mercadito, lloró desesperado frente a las bolsas rotas y los estantes destruidos en el marco del saqueo que liquidó simultáneamente su cotidianeidad y las posibilidades de traer a su mujer y a su hijo, de doce años, a la Argentina. Allá en Fujian, cerca de la costa y en medio de las plantaciones de té, desde donde vino como nuestros abuelos buscando otra vida, soñando con un sueldo de quinientos dólares y cajas y cajas de arroz alineadas con su gallo erguido custodiando los granos[*], no supuso que los pollitos de San Sebastián venían a remedar, de manera parabólica, aquel punto de partida, el hambre ancestral de generaciones que lo precedieron, el fantasma terrible de las hambrunas con las cuales sus compatriotas convivieron durante miles de años, y que sólo empezaron a dejar atrás hace apenas quince años, cuando aún los niños argentinos cantaban de los pollitos que tenían hambre y frío.

Pero los picotazos sólo volaron las plumas de los grandes supermercados y dejaron tendidos a los pequeños propietarios, en un país desgarrado donde vecinos que se arman contra vecinos suben a las terrazas y encienden fogatas para custodiar sus precarios bienes, y los saqueadores mayores se desplazan de la City a las oficinas de gobierno, de las consultas en el exterior a las reuniones en las cuales se reparten los desechos que las grandes corporaciones les deslizan. El saqueo de los habitantes de la villa que avanzan sobre los malposeídos que tienen algunos colchones y una heladera en la cual hay todavía comida, que compran sus ropas con sueldos que no se sabe cuánto tiempo aún más van a cobrar, o que intentan conservar tienditas cada vez menos provistas cuyos impuestos no pueden sostener y a las cuales tal vez la inflación las deje sin

---

[*]   Se trata de la figura impresa en las cajas de arroz de una de las marcas más conocidas del país. (N. del E.)

stock, debe constituir no nuestro terror sino nuestra vergüenza, ya que hemos permitido que impunemente se construyeran *countries* fenomenales en medio de la miseria entorno, y se dieran todas las muestras de insensible ostentación que sólo algunas rejas pretendieron proteger si no velar. Por eso las fogatas que se levantan en los barrios pauperizados de lo que el proceso de acumulación salvaje dejó de las capas medias bajas señalizan como las balizas espontáneamente armadas en la ruta el camino accidentado que hoy debemos desandar.

Pero esto no puede ocultar lo que realmente produjo un salto en la perspectiva política de la Argentina, que tuvo muchos saqueos en estos años pero ninguna pueblada. Porque lo que ganó realmente el primer *round* de la batalla que restituyó la esperanza fue la recuperación de la dignidad, del sentimiento de volver a tener una cabeza que había sido primero desgastada y luego volada, cabeza que podía ser llevada nuevamente sobre los hombros sin la profunda humillación que la abatió durante tanto tiempo.

Y más allá de los picotazos desesperados o resentidos – resentimiento que algunos enjuician desde una moralidad que parece desconocer que si es verdad que la pobreza no genera en sí misma brutalidad, la acumulación de desilusión es la fuente mayor del odio, y esta acumulación en este país nuestro ha tomado un carácter ya no sólo dramático sino lindante con lo obsceno– hay algo que se acaba, que de una u otra manera se acaba, que se acabó en la batalla de las cacerolas y de la plaza gaseada, sin que podamos siquiera acusar de perversidad a un presidente signado por la debilidad, ambición y soberbia que lo hizo sostenerse en lo más bajo de las tradiciones partidarias.

Sabiendo por otra parte que lo que se acaba no es sólo un gobierno de ineptitudes, ni tampoco sólo un modelo económico que da cuenta del fracaso de una vertiente que hoy fue la convertibilidad y mañana la flotación, pasado la dolarización o el quinto día la devaluación, sólo para seguir haciéndonos cargo de una hipoteca de la cual no

usufructuamos y que tampoco elegimos, aunque tal vez
dejamos que se montara –bajo los militares por el terror, y
en democracia porque confiamos en los nuestros mientras
la marea económica los iba llevando a ser cada vez menos
nuestros, cada vez más ellos– y porque en este bendito país
una generación pensante fue aniquilada y otra devorada
por los fantasmas del pasado. Se acaba un modo de gobernar en el cual ha fracasado el conjunto de la clase política,
cuya mayoría siguió mostrando un grado de insensibilidad procaz cuando vitoreaba y aplaudía sus pequeños éxi-
tos corporativos para sostenerse aunque sea un tiempito
más, al costo que fuera, sobre el cadáver caliente de un país
que expresó en los Muertos de Diciembre la representación
misma de su agonía y de su derecho a no subirse al tren de
la desintegración y la muerte bajo las reglas que le pretendieron imponer en el cerco del deterioro y la resignación.
    Por eso la Plaza de Mayo, plaza trabajosamente gana-
da y dramáticamente defendida, en la cual lo terrible no es
la falta de baldosas que la gente arrancó sino el hecho de
que no habiendo existido en ella víctimas desde 1982, volvió a ser ocupada simultáneamente por la esperanza y la
muerte. Allí se constituyó el gran laboratorio de recomposición de la subjetividad devastada, el lugar en el cual cada
uno pudo percibir que si bien no siempre hacemos lo que
queremos, tenemos el derecho de rehusarnos a lo que no
queremos hacer, a lo que no queremos ser, y en particular,
a que nos hagan desprendernos de nosotros mismos en un
proceso de desidentificación que nos obliga a despojarnos
de principios y esperanzas. La dignidad con la cual se de-
fendió ese espacio histórico constituye el escenario en el
cual se dio curso al derecho a recuperar una democracia no
bastardeada, no de administradores sino de gobernantes
sensibles y preocupados por la participación equitativa en
las riquezas que aún podemos construir o recuperar, siendo éste el gesto de salud política más importante de los
argentinos en muchos años.

VI. El sostén subjetivo de una Ética

El relativismo moral se produce en el momento mismo en el cual la explicación de un hecho deviene su justificación; en el instante en el cual la profunda revulsión que produce un acto atentatorio contra la condición humana se convierte en una descripción aplacatoria de las causas que llevaron a su producción.

Un viejo film llamado *La noche de los generales* relata la historia de un investigador que, en pleno régimen nazi, se dedica a develar la muerte de una serie de mujeres –prostitutas de profesión– cuyo asesino resultó ser un general de alto rango del régimen. La búsqueda del culpable en este contexto deviene un paradigma de la defensa de la ley y la vida en las condiciones más extremas, y del consiguiente castigo para quien atenta contra ella, dando cuenta de que algunos aspectos del contrato interhumano exceden lo circunstancial, y se plantean como premisas de la humanización. Porque los hechos singulares, aquellos que tienen caras y nombres, nos arrancan de la cómoda molicie del anonimato de las victimas y nos imponen la convicción de nuestra profunda imbricación al semejante.

Si el remanente ideológico del nazismo fue la pérdida de la capacidad de asombro de los hombres frente a la muerte y el desdibujamiento de los límites entre el bien y el mal, parecería que éste es el intento que, con las mismas características, sometió durante algunos años a la sociedad argentina ante los efectos del terrorismo de Estado.

Sin embargo, al modo del personaje de la película que acabo de recordar, algunos episodios en las condiciones de nuestra vida actual dan cuenta de la profunda vocación del hombre por sostenerse en el marco de una ética que trasciende la historia inmediata. De allí la sensación de extrañamiento esperanzado que suscita la denuncia y reclamo de esclarecimiento de la muerte de un soldado en un cuartel, o de una niña asesinada por miembros de un feudo provincial. Y, en los últimos días, en el marco del intento de recuperación por parte de algunos de sus depósitos bancarios, como se dice y es cierto, pero por parte de muchos de reencontrar la dignidad y volver a sentirse con derecho a vivir en un país diferente, de la expulsión del ministro de justicia del gobierno menemista –símbolo de la corrupción de la justicia– de un *shopping* en el cual quinientas personas lo abuchearon.

Y esto se produce como recuperación de la dignidad ante los profundos traumatismos y decepciones por los que viene atravesando la sociedad argentina desde hace tantos años, dando cuenta de la posibilidad de comenzar, de una vez por todas, a buscar un camino distinto para saldarlos.

Uno de los restaurantes más tradicionales de Mendoza, "La Marchigiana", ha cerrado temporalmente sus puertas a los funcionarios gubernamentales y puso un pendón negro en la puerta, hasta que se resuelva el atraso del Estado en aportar los fondos para los programas de alimentación infantil en barrios pobres. La decisión no ha sido sólo ética respecto a la resolución tomada, sino también en el modo con el cual se realizó, luego de un fuerte debate interno, en el cual participó el personal de la empresa. Un día antes su dueño, Fernando Barbera, aun sabiendo que la resolución tendría un efecto fuerte en las ventas del restaurante, había expresado: "A nosotros no nos está yendo mal, pero vemos lo que pasa alrededor, y es como ganar al póquer en el Titanic"[7].

Todas las teorías morales, aun las más escépticas, constatan que el hombre no puede vivir sólo para sí mismo. Más allá de los cambios históricos, más allá de los valores dominantes en una u otra época, ciertos aspectos del contrato interhumano exceden lo circunstancial, se plantean como premisas de la humanización. "El otro hombre, escribe Emmanuel Levinas, me despierta de mi espontaneidad de sonámbulo, quiebra el imperialismo tranquilo e inocente de mi perseverancia en el ser, y me pone en la imposibilidad de ocupar el mundo como una vegetación salvaje, como una pura energía, como una fuerza de hecho. Mi libertad no es la última palabra, yo no estoy solo. Sin hacerse anunciar, el Otro, el Prójimo, entra en mi vida, su cara desnuda, inviolable, expuesta y sin embargo sustraída a mis poderes [...]. Esta intrusión, este desarreglo, es mi nacimiento al escrúpulo"[8].

En esta presencia insoslayable del semejante se encuentra el fundamento mismo de la Ética. Porque algunos aspectos del contrato interhumano exceden lo circunstancial y se plantean como las premisas mismas de su existencia. El hecho de que los seres humanos sean crías destinadas a humanizarse en la cultura articula un punto insoslayable de todas las tensiones subjetivas que la articulan con el mundo: la presencia del semejante es inherente a su constitución misma. En el otro se alimentan no sólo nuestras bocas sino nuestras mentes; de él recibimos junto con la leche el odio y el amor, nuestras preferencias morales y nuestras valoraciones ideológicas; el otro está inscripto en nosotros, y esto es inevitable.

Es esta condición de base de la transformación del cachorro humano en ser humano la que genera la expectativa de

---

[7] *Los Andes* (Mendoza), 30 de diciembre de 2001.
[8] Emmanuel Levinas, *Du sacré au saint*, p. 21, Ed. de Minuit, París, 1977.

reencuentro con la solidaridad y el compromiso con el otro humano, en razón de que el semejante no puede dejar de arrancarnos, con su presencia tensionante, del egoísmo. Es el hecho de que nuestra vida haya sido valiosa, amorosamente, desde su inicio mismo, para otro, y que su vida a su vez haya sido la condición misma de nuestra existencia, no sólo material sino subjetiva lo que constituye el fundamento de la Ética como reconocimiento de nuestra obligación hacia el semejante.

Nuestra vida cotidiana parece estar atravesada, constantemente, por sistemas de fuerzas enfrentados respecto a los ideales y a los modelos posibles. Una conocida revista que se dedica a retratar a personajes notorios ofrece, página por medio, un funcionario que simultáneamente sale en los diarios mezclado en un escándalo por narcotráfico, trata de blancas o malversación de fondos públicos. Se los ofrece como modelos de éxito y de buen vivir, en forma absolutamente disociada respecto a las noticias que diariamente sacuden al país.

Simultáneamente, la indignación ante la corrupción desembozada vuelca una elección, participa en la destitución de un presidente, voltea a otro, poniendo de manifiesto el deseo de recuperar modos contractuales regidos por limitaciones de la impunidad. En esta cuestión del contrato radica el fundamento de la Ética: el contrato no pone fin a la violencia del otro, a un orden –o un desorden– donde el hombre es el lobo del hombre. "En la selva de los lobos, ninguna ley puede ser introducida"[9]. La discusión sobre la corrupción no es simplemente una toma política de partido. No remite a un universalismo abstracto sobre el bien ni puede subsumirse en un relativismo que anule la cuestión. Cuando se roban los fondos de los jubilados o las cajas de ropa y comida que la ciudadanía, solidariamente, dona para los inundados, se transgrede una ley moral de la sociedad: la de preservar la

---

[9]   Emmanuel Levinas, *op. cit.*

vida, a los niveles más elementales que fueran, de quienes constituyen la comunidad de pertenencia.

Reducir lo que ocurre hoy en la Argentina a un acto de economicismo degradado contra el corralito financiero es sumar más desprecio al que ya ha recibido la población por parte de sus sectores gobernantes. Creer que lo único que motiva a quienes salieron a la calle en los días de diciembre de 2001 es la recuperación de sus fondos, los ahorros congelados, es no sólo banal sino injusto. Por supuesto que el cerco a los depósitos bancarios produjo indignación, pero no sólo por razones económicas, sino porque fue un gesto más de impunidad, un modo más de estafa moral, y no sólo económica, en razón de que todo esto fue realizado sin explicación, mintiendo la verdad que todos sabían: que los bancos no tenían el dinero para cubrir los depósitos porque durante años habían lucrado brutalmente con el dinero de sus depositantes. Y si la discrepancia entre las tasas de interés en la Argentina, entre las que se cobran por prestar y las que se dan a los pequeños inversores es absolutamente inmoral, la voracidad del sistema financiero se expresa en el modo perverso con el cual una operatoria definida por las reglas del saqueo termina por implicar, en los bordes, aun a quienes intentan conservarse en los marcos de la prudencia y la moralidad financiera.

De ahí que las tensiones subjetivas vinieran incrementándose en el país, en razón de que mientras los marginales aumentaban permanentemente, a índices que en los últimos tiempos llegaron a plantear la suma escalofriante de dos mil quinientas personas que pasaban diariamente a formar parte de quienes están por debajo de la línea de pobreza, aquellos que aún poseen capacidad económica de supervivencia se vieron en la alternativa de gozar el bienestar inmediato que la estabilidad ofrece, a costa de la aniquilación física o moral de las generaciones anteriores, y de la destrucción del presente y el porvenir de quienes aún podrían tener futuro. Como en *La noche de los generales*, ciertos acontecimientos devinieron entonces paradigmáticos no de la impunidad consuetudinaria –que ya conocemos y retorna de múltiples formas–, sino de la arraigada persistencia de una ética que resitúa la vida y la muerte –del semejante, de mí mismo– como fundamento de la existencia humana. Porque en algún lugar de la conciencia histórica colectiva una señal de alerta se encendió, y la contradicción de optar por la propia seguridad a costa del sufrimiento del otro se manifestó en toda su crudeza para algunos, y en otros la convicción de que ya no podían dilatar más la decisión de comenzar a pensar el futuro de sus hijos por sí mismos tomó cuerpo. Es así como el dilema político ha devenido dilema ético: las elecciones axiológicas pasaron a primer plano y la tensión inquietante del semejante hoy nos atraviesa y penetra las cómodas ignorancias cotidianas.

VII. *Losers* y *Winners*, entre la excusa y la justificación

Que el lenguaje no cumple simplemente una función descriptiva de la realidad existente, sino que es capaz de crear realidades a partir de los modos de ordenamiento con los cuales la articula, constituye una afirmación más o menos conocida. Lo que es más trabajoso, tal vez, es darse cuenta de qué manera, en razón de que estamos inmersos en esa realidad misma, esas formas de expresión se van apoderando de nosotros hasta constituirnos en agentes discursivos de las propuestas ideológicas que las sostienen.

Tal es el caso de esa clasificación que ha surgido hace algunos años y tiende a tornarse parte del lenguaje común; traducción directa no sólo de la lengua inglesa sino de una de las formas con las cuales el capitalismo salvaje va creando modos de vínculo y formas de apreciación de la realidad. Se trata de la diferenciación entre *losers* y *winners* o, como se ha comenzado a decir con mayor frecuencia de lo reconocido en nuestra propia tierra, entre ganadores y perdedores. La forma con la cual se arma el par es interesante, porque alude a una bipartición que deviene categoría en un par de opuestos, abstrayendo entonces un rango que abarca a un conjunto de seres, y deja de ser un elemento puntual en el marco de una situación concreta.

Ya no se trata de ser "*el* ganador" de un concurso, de un sorteo, de una situación de competencia cualquiera, sino "*un* ganador", alguien que pasa a pertenecer a un conjunto de seres que tienen ciertos atributos que los diferencia. Y es en este pasaje de "*el*" a "*un*" donde se marca la pertenencia a una especie, a un rango que articula una categoría que permanece más allá de la situación, transformándose así de descriptiva en valorativa. De modo tal que se genera una bipartición de la sociedad en dos estamentos claramente diferenciados: ganadores y perdedores, y la pertenencia a una u otra categoría no sólo marca posibilidades diversas, sino también una valoración en la cual el sujeto perteneciente al rango perdedor no sólo no recibe los beneficios que da el ganar sino que es estigmatizado por el hecho de perder.

Porque casualmente, el ser un perdedor o un ganador se define desde esta perspectiva, en última instancia, por el éxito social alcanzado, en estado puro, más allá de toda valoración de otro orden, nucleándose alrededor de un rasgo que constituye el punto máximo alrededor del cual gira el sistema social de valores: "Uno no gana porque vale, vale porque gana", como dice Castoriadis[10]. Articulado esto alrededor de la capacidad de ganar dinero o de lograr prestigio social, este rango de precipitación ideológica del narcisismo compartido se constituye como el eje de toda posibilidad de reconocimiento, y ello no sólo como propuesta externa sino como modo mismo de polarización de la subjetividad, vale decir como modelo y proyecto identificatorio, en razón de lo cual insertarse en la parte superior de la pirámide (cuya base es cada vez más amplia y su cúspide más pequeña), deviene no sólo una meta sino una forma de autovaloración, de autorreconocimiento narcisístico, sin que quienes en ello se ven atrapados –como ocurre con el modo general de operar de la ideología– tengan posibilidad de descubrir bajo qué formas esta inserción subjetiva se realiza.

---

[10]   Cornelius Castoriadis, *op. cit.*, p. 131.

El elemento más complejo de la cuestión, el que más graves efectos trae para la subjetividad de los implicados –más allá de toda valoración ética que bien podría ser retomada para mostrar la presencia en el lenguaje en un estudio de los modelos con los cuales se constituyen los sistemas de valores en nuestra sociedad actual– radica en que la sociedad civil inflige una nueva lesión a aquellos a quienes el funcionamiento económico del sistema ya ha dañado gravemente despojándolos de sus posibilidades de trabajo y marginándolos de sus lugares habituales de supervivencia moral y material. En razón de lo cual alguien que ha sido expulsado de su trabajo no sólo padece la angustia de supervivencia que ello acarrea, sino la condena moral de ser un perdedor, la crítica implacable del superyo que lo cuestiona por su inutilidad y falta de iniciativa.

Vayamos entonces al modo con el cual una clasificación de este orden, cuya inmoralidad extrema puede ser fácilmente detectada, se gesta socialmente. Es indudable que ella es efecto de formas de representación colectivas que imponen coagulaciones de sentido a los sujetos que pasivamente las recogen –no sólo a quienes es aplicada sino a aquellos mismos que las aplican–. Y en el centro mismo de estas representaciones está la transformación de la responsabilidad social en condena como coartada ante la culpa que genera, en los sujetos éticos que se sienten convocados por la disparidad de condiciones a las cuales se ve sometido el semejante, en condena y re-marginalización.

En un texto publicado hace ya varios años, titulado "En defensa de las excusas", J. L. Austin propone una distinción conceptual entre dos términos: excusa y justificación, con el propósito de mostrar cómo el estudio de las primeras puede contribuir al desarrollo de una interpretación de la conducta en función de la elaboración de una teoría de la ética que se sostenga en el empleo del lenguaje como modo de la acción.

Se trata de ver de qué modo el sujeto responde ante la interpelación de haber hecho algo considerado malo, injusto, inoportuno. Una manera de proceder, dice, consiste en admitir simple y llanamente que él, o sea X, hizo esto a A, pero alegando que era algo adecuado, bueno o permisible, ya sea en general o por lo menos en las circunstancias particulares de su caso. Esta es la línea de la *justificación*. Otra forma es aquella en la cual se admite que lo hecho no fue bueno, pero se alega que no es del todo justo o correcto limitarse a decir simplemente que la acción fue realizada, ya que se descuidan las circunstancias en las cuales ésta fue realizada. X puede estar bajo una influencia ajena −cuando realizó la acción imputada− o movido a actuar así. Se puede tratar de un accidente o de un descuido voluntario, o de algo ejercido en circunstancias en las cuales se alega no estar en condiciones de decidir.

Supongamos que A fue violada por X; el argumento justificatorio −inaceptable para alguien de nuestra cultura, o microcultura− es que X no tiene por qué dar explicaciones de su acción en razón de que su acción es perfectamente acorde a la moral entorno; chinitas y negras han pasado por esta situación sin que se pidiera −hasta María Soledad[11]− explicación alguna a los ejecutores de turno acerca de la conducta ejercida. Del lado de las excusas, y en nuestra moral social contemporánea, se puede esgrimir, ante la misma acción realizada, un argumento de otro orden: ¿hasta qué punto A no es responsable en parte de haber sido violada en razón de haber entrado al auto de X, o por el hecho de haber despertado en él una pasión o impulso violento dado que luego de haber aceptado sus galanteos o haber usado una ropa insinuante se rehúsa a la relación sexual esperada?

En la primera defensa se acepta la responsabilidad pero negando que se trate de algo malo. En la segunda

---

11 El asesinato de María Soledad Morales en Catamarca constituyó un antecedente inédito en la Historia Argentina. El hijo de un importante caudillo de la provincia fue condenado a prisión luego de un proceso que alcanzó trascendencia nacional.

se puede admitir que lo realizado es incorrecto, pero no injustificable dadas las circunstancias. Es en este último caso que estamos en el plano de las excusas, y no es difícil para cualquiera de nosotros ver en estas dos formas, *excusas-justificaciones*, el modo con el cual se ha producido el pasaje, en el discurso militar, de la apreciación de lo operado durante los años de la represión salvaje. De la justificación de la acción ejercida –que aún aparece más o menos encubierta en las formas con las cuales se intenta reivindicar a la institución de conjunto– a la excusa, hemos visto todos los matices. La justificación se sostuvo fundamentalmente durante los años de soberbia militar, cuando no había desde la sociedad civil voces suficientemente fuertes para establecer imputaciones. Cuando eso se derrumbó, apareció el plano de la excusa: no podíamos hacer otra cosa, intentábamos lo mejor y cometimos excesos... A nivel individual, por su parte, el exponente máximo de la conducta excusatoria desresponsabilizante se ejerció a través de intentar la inimputabilidad acogiéndose a la "obediencia debida".

Es indudable que, en este último caso y con vistas a poner de relieve la cuestión que nos ocupa, estamos dando ejemplos del tipo de excusa que se considera inaceptable. Se puede excusar uno de haber pisado un caracol, como dice Austin, diciendo que pisamos el caracol inadvertidamente, y alguien puede decir "deberías mirar dónde pones los pies". Pero esto no ocurriría del mismo modo si alguien pisa a un bebé. La "inadvertencia" no tiene cabida cuando se trata de excusar las acciones básicas que definen la relación al semejante en términos de vida-muerte, y en este caso la intencionalidad o no puede ser atenuante –como lo muestra el derecho penal– pero no justifica la acción bajo ninguna circunstancia.

Del mismo modo, podemos volver ahora, luego de este breve recorrido, a nuestro tema de partida: la diferenciación, en nuestra sociedad actual, entre "*losers*" y "*winners*" (perdedores y ganadores). Estamos acá claramente ante una diferenciación que intenta, mediante el uso lingüístico, derivar hacia las víctimas la responsabilidad de su marginación y desamparo. Siendo imposible la aceptación *ética* del disfrute de algunos ante el malestar y desprotección de tantos, el lenguaje viene en ayuda para otorgar una *explicación* que, en este caso, toma la forma de una *justificación*. Son las víctimas mismas del proceso salvaje de "reingeniería social" los perdedores, ineptos, aquellos de los cuales es necesario apartarse en virtud de sus defectos morales, de su incapacidad de ubicarse en las nuevas circunstancias. El desprecio larvado, disfrazado de compasión, es entonces la coartada que posibilita, a quienes sobreviven aún económicamente, sostenerse al margen, más allá, en este nuevo relevamiento del "por algo será", con el cual no cesa de asombrarnos la importación no sólo de modelos alimenticios de chatarra sino de modos de traducción de la discriminación social.

Con una consecuencia no por impensada menos esperable: el hecho de que las víctimas, integradas por quienes quedan constantemente expulsados de la vida productiva, incrementadas día a día por la disminución de la población económicamente activa o mínimamente remunerada, al quedar identificadas con la ideología que las discrimina, se autoacusan de su dificultad para formar parte, pertenecer o integrarse al estamento ganador; sumando así a su dificultad de supervivencia la representación devaluada de su propia imagen. De este modo, melancolizados los sujetos por el retorno del odio sobre sí mismos ante la imposibilidad de enfrentarse a nadie –por el anonimato con el cual el sistema diluye constantemente responsabilidades y presenta toda toma de decisión como de una racionalidad imposible de ser derribada– por una parte, y por verse sumergidos de pronto en el interior de la masa de "discapacitados" que no saben encontrar una vía de salida, por otra, se ven reflejados en una mirada social que no por compasiva es menos lesionante, dado que lo que se les reconoce no es un derecho expropiado sino una imposibilidad personal sustantivada como rasgo de carácter: "perdedor".

Por mi parte, establecí, hace algún tiempo, la diferencia entre dos aspectos que considero de utilidad para el análisis que hoy nos ocupa. Definí, por un lado, aquellos elementos que tienen que ver con el modo con el cual la *autoconservación* es tomada a cargo –vicariada, como estamos habituados a decir en psicoanálisis– por el sujeto, en tanto sistema de representaciones que determinan la posibilidad de la conservación con vida del organismo. Por otro, aquello que es del orden de la *autopreservación* del yo, en su recubrimiento parcial con la *autoconservación*.

La *autoconservación del yo*, vale decir los modos mediante los cuales el yo toma a cargo los intereses de la vida: conservación del cuerpo en tanto organismo, representación biológica de la supervivencia.

La *autopreservación del yo*: la forma mediante la cual el sujeto preserva la representación nuclear de sí mismo, bajo los modos de tensión narcisista que lo hacen plausible de ser amado por sí mismo, en su relación con las identificaciones y los ideales.

Es en situaciones límite donde se puede ver la ausencia de una identidad absoluta entre estos dos aspectos del yo: se puede mantener al organismo con vida (autoconservarse) a costa de un arrasamiento narcisístico, de un desmantelamiento de los modos habituales con los cuales el yo considera válida su existencia misma, situación que observamos con frecuencia en circunstancias de vida extremas: campos de concentración, terrorismo de Estado. Primo Levi lo ha descripto de modo profundo y terrible al relatar su experiencia en los campos de exterminio alemanes durante la Segunda Guerra Mundial: la necesidad de subsistencia arrasa con los núcleos mismos en los cuales el yo sostiene su identidad y permanencia, hasta que el ser humano llega a preguntarse, acerca de su propio cuerpo ya des-subjetivizado, "si esto es un hombre". Por el contrario, la autoconservación, la contigüidad de la vida biológica, puede ser sacrificada en aras de preservar la representación narcisística, identificatoria del yo, y el sujeto puede dejarse morir, o matar, antes que ceder estos aspectos sin los cuales siente que no podría seguir viviendo, ya que no podría seguir siendo.

Es tan sutil y desgastante el modo con el cual se produce la subordinación de la autopreservación representacional a la conservación de la vida en ciertas situaciones más cotidianas que, a diferencia de aquellas tan extremas como las descriptas, han sido poco exploradas por el pensamiento psicoanalítico. Ellas constituyen, sin embargo, el objeto mismo sobre el cual el psicoanálisis puede centrar la mirada para aportar algo al modo con el cual el impacto subjetivo de las realidades sociales ejerce el ensamblaje entre la ideología y su ordenamiento en los sistemas defensivos del sujeto.

En nuestra sociedad actual, en su cotidianeidad, el condicionamiento a los modos autoconservativos del yo tiende a un arrasamiento constante de las formas con las cuales la autopreservación narcisística sostiene ideales y formas de autovaloración de los seres humanos. Obligados estos a deponer en aras de la supervivencia de sus modos habituales de vida las autorrepresentaciones de sí mismos que sostienen el sentido de la existencia, la precariedad representacional de la misma se articula así en una coagulación de sentido en la biparticipación exculpante que toma dominancia pública. De tal modo, ser un "winner" es un anhelo y al mismo tiempo un modo de evitar la angustia extrema a la cual se puede quedar expuesto: "excusa" a partir de una coagulación que el significante "ganador" sostiene, de la desresponsabilización respecto al otro, constituido en "loser". "Justificación", en última instancia, ya que del "no se puede hacer otra cosa" se produce un corrimiento al "es correcto proceder así", en virtud de que el semejante ha devenido alguien sustancialmente destinado al fracaso, ya no víctima sino inepto, representante del contravalor que posiciona, a quien se sostiene aún aferrado a algún punto de la pirámide, el significante del negativo del narcisismo.

VIII. *The Matrix* y el País virtual

Quinientos vendedores callejeros de choripán, ochocientos productores de chipá, mil quinientos acuclillados empresarios de esteras repletas de bombachas y medias desparramados por la ciudad, dos mil trescientos vendedores de garrapiñadas, ocho mil abrepuertas de taxis, quince mil vendedores de jazmines, los empresarios de la miseria, los cobradores del impuesto espontáneo a la marginación, han pedido que se les provea, con urgencia, de las maquinitas para hacer los *vouchers* que les permitan seguir vendiendo sus evasivos productos. En la cancha, los cafeteros avanzan por las tribunas recogiendo cheques: con una mano extienden el vasito de cartón humeante, con la otra recogen, entre los dedos, los papeles firmados con los que pagarán, al día siguiente, al verdulero de la esquina. En el kiosco del colegio los chicos ofrecen la tarjeta de crédito a la señora que en los diez minutos del recreo les provee las bolsas de papas fritas, firman la papeleta ya engrasada mientras buscan en el fondo del paquete el tazo de las Chicas Superpoderosas o de Dexter. El vendedor de churros parado en la puerta, en lugar de pedirle cambio al garrapiñero, le ofrece intercambiar la maquinita de American por la de Visa para cubrir los requerimientos de usuarios que no tienen variedad de plástico a disposición.

En un país sin analfabetos ni desocupación, se acabaron los evasores que sostienen su trabajo al margen del Estado. Seremos como todos los países, dijo el Ministro: como Inglaterra, como Francia, como Noruega, en los cuales todos los ciudadanos tienen cuenta bancaria y tarjeta de crédito –también tienen salud garantizada, seguro de desempleo, educación pública–. Sólo por tres meses, dijo el Ministro, como si para este universo sin futuro y cada vez con menos tiempo de sobrevida que constituye ya la mayoría del país, existiera la semana próxima: el colectivo para llevar a los chicos al hospital se pagará con cheques al portador, el taxi, tal vez, con uno no a la orden. Como el PAMI colapsó, por suerte tenemos tarjeta de crédito para pagar los remedios del abuelo, la prótesis de la tía, la internación de la suegra... Y las mucamas por hora, ésas que no tienen ni cargas sociales, ni vacaciones ni aguinaldo, y en algunos casos ni siquiera la comida porque trabajan en una casa por la mañana y en otra por la tarde, ésas pueden cobrar con Bonos de la Deuda Externa, ya que es una inversión extraordinaria para alguien que tiene por delante varias generaciones para seguir pagando la obligación moral y material que contrajo, porque, en definitiva, "si todos gastamos, es justo que todos paguemos", como se escucha decir a algunos sin ruborizarse, y como "se acabó la fiesta", no parece necesario aclarar quiénes fueron los que tomaron y bailaron y quiénes los que limpiaron y estacionaron los coches, ya que estamos obligados a hacernos cargo del gasto.

El sábado 1° de diciembre de 2001 cayeron, limpiamente, otros dos millones de habitantes al espacio exterior[*]. La

---

[*] Ese día se dio a conocer el famoso corralito económico, que impedía el retiro del dinero de los bancos y obligaba al pago de salarios con cheques, y al empleo del dinero virtual –cheques, tarjetas de crédito– como formas de transacción. (N. del E.)

lenta agonía de dos mil quinientas personas que se sumergen diariamente por debajo de la línea de pobreza fue magistralmente superada en este proceso rápido e inexorable de construir un país en el cual sobran demasiados habitantes –y no sólo los extranjeros: paraguayos, bolivianos, rumanos, peruanos, sino también al menos la mitad de los argentinos que viven en el Buenos Aires que va de Rivadavia para la izquierda si uno se coloca mirando hacia Liniers, o que se desparraman inconscientemente en una parte importante de Rosario, Córdoba, Catamarca, Chaco, Entre Ríos, por nombrar algunos territorios en los cuales aún logran milagrosamente sobrevivir. Y ello sin que las víctimas lleguen siquiera a calibrar lo que les ocurre, porque lo brutal del proceso de deshumanización radica en que quienes lo padecen no sólo pierden las condiciones actuales de existencia y la prórroga hacia delante de las mismas, sino también toda referencia identitaria, toda posibilidad de representarse en el horizonte de lo que les espera, toda referencia mutua, toda herramienta posible de organizar, mínimamente, algún enunciado que le dé sentido a lo que están viviendo.

Y los que no cayeron, los que todavía se sostienen aferrados a la esperanza en la cubierta de esta Nave de los Locos en la cual se ha constituido este país bendito de Dios, granero del mundo, exportador de científicos y futbolistas, de escritores miembros de academias extranjeras, y en los últimos tiempos también de policías españoles y mozos italianos, ciudadanos que viajan a la deriva sobreviviendo a todo, pensando cómo mantener simultáneamente el trabajo y seguir, aunque sea, juntando algunos dólares –¿por qué no bajo el colchón, Sr. Ministro, si en las zonas que todavía no se han inundado sigue siendo el lugar más seguro para los ahorros, ya que siempre es preferible un hijo que les haga pis encima a un proceso financiero que los transforme en desechos evacuables?– y bien, estos ciudadanos que aún pueden gozar del trabajo y desplazarse diariamente con la angustia contenida en la

garganta saben que no hay otro remedio, que el sábado
se salvó, aunque sólo sea por algún tiempo, el sistema financiero, y que con él, aunque perdamos algo, ganamos
todos, porque si se hunde, irremisiblemente, el país se
hunde con él, y no se salva nadie.

Y en esta brutal reducción al realismo económico no
necesariamente nos transformaremos en Ecuador o en
Colombia, ya que podemos vivir la pertinaz supervivencia de Grecia, con sus ruinas maravillosas y sus pobla-
ciones miserables, sin un Pericles o un Pitágoras, sin Me-
cenas y Atenas, pero con un Puerto de Buenos Aires que
alguna vez quiso realizar el sueño de Marco Polo, y los
héroes criollos que dimos al mundo, y que nos enorgu-
llecen con todo derecho, porque no sólo patearon el barro
de canchas propias y ajenas sorprendiendo al mundo –y
enloqueciendo de incredulidad por haber podido vencer
el destino trágico de mateadores de villa al cual parecían
condenados– sino por ser primeras figuras de los ballets
más prestigiosos, y ganar con sus descubrimientos premios de ciencias arrancándonos de nuestro destino geográfico de país que sólo puede ganar el Nobel de la paz
por tener su gente la valentía de denunciar los crímenes
cometidos por los gobiernos militares.

Porque en medio de los jacarandás florecidos que cu-
bren de violeta el suelo que transforma a Buenos Aires
en esa ciudad maravillosa que Borges consideró hoy con
más razón que nunca "la capital de un imperio que nunca
existió", en el corazón de la ciudad, al borde mismo del
Riachuelo, el pulmotor financiero invertido bombea oxígeno hacia el exterior. Cortadas todas las arterias, estran-
guladas, anóxicas, necrosadas, la circulación toma el único
carril abierto, y hoy un dedo, mañana las orejas, próxima-
mente un ojo, los cuerpos se van vaciando en ese desangre
cotidiano que va a nutrir los tejidos y órganos de la Gran
Matriz con la cual la City se conecta. Cada vez que se evi-
ta el estallido que podría precipitar el estertor adelantado,

cada vez que se logran conservar los cauces naturales, los drenajes previstos, se abre una nueva esperanza de que no todo esté perdido. El río de plata que desemboca del otro lado del continente conserva entonces su marea fluida, y un grupo de habitantes cada vez menor de ese cuerpo demolido que es la Argentina siente que por unos meses, aunque sea por unos días, no se hundirá irremisiblemente, aunque el peso de los que van cayendo, lastre a desprender supuestamente necesario para seguir flotando, en lugar de aligerar, tire irremisiblemente hacia abajo.

Como en *The Matrix*, un universo de soñantes que aún creen estar vivos se desliza por un mundo ilusorio en cuyo escenario comen, aman, trabajan seres que, en realidad, alimentan al monstruo que los creó y le brindan el plasma necesario para sobrevivir. Quienes aún no vieron esta película extraordinaria pueden hoy encontrar en ella un modo privilegiado de representarse la realidad existente y sus derivaciones: la Matriz, la Casa Matriz, chupa la vida de sus víctimas, quienes una vez que han descubierto el secreto, advertidos de que el entorno en el cual viven es una creación que se sostiene en un mundo onírico –mundo virtual de *shoppings* y de torres, de restaurantes y de objetos maravillosos, de diseño y salud– mientras el cuerpo real permanece aprisionado por un parásito que se alimenta de él y lo va destruyendo, se ven confrontados al dilema: seguir ofreciéndose mansamente en esa ilusión de vida que captura o despertar en el entorno de miseria que la Matriz va dejando como despojo, para asumir dolorosamente que hay que atravesar ese enfrentamiento con la muerte de la ilusión para que la esperanza deje paso a una vida posible.

La Argentina, sin embargo, no es un país virtual como *The Matrix*. Es tan real, tan realística, que se ha quedado virtualmente sin futuro, sin una representación de futuro que transforme el tiempo virtual en proyecto real. Paradójicamente, nuestro problema no es despertar de un sueño, sino del letargo angustioso que padecemos diariamente, negarnos a vivir en el realismo seco al cual nos condena la convicción de que las soluciones son cruentas, cuando aún no se han planteado de un modo distinto los problemas, sin plantearnos que el diagnóstico de la enfermedad podría ser erróneo y rehusándonos a una amputación sin someterlo a revisión y rectificación. Ello antes de que la constitución de un mundo virtual de cheques y tarjetas, un mundo de papel y plástico que, ironía, ni siquiera es posible para todos, nos transforme en ciudadanos virtuales de un mundo real que se ha quedado sin representación.

IX. Somos todos cartoneros

Acabado el país de la convertibilidad, ha comenzado el país del reciclaje. Los restos de esa etapa en la cual se nos quiso convencer de que entrábamos al primer mundo, o que, incluso, ya formábamos parte de él, se acabaron, dejando al país sembrado de computadoras de última generación, coches de todos los nortes, mortadelas y quesos italianos, mollejas tóxicas americanas, galletitas francesas y españolas, budines alemanes, medias suizas, y hasta botellitas de agua mineral francesas que vinieron a relevar aquellas producidas en nuestras termas mendocinas o cordobesas, y cuyos restos siguen hoy ocupando un lugar remarcado en las góndolas semivacías de los supermercados, ya que no pueden ser devueltas a sus países de origen ni vendidas al precio que supuestamente fue pagado. Para los pobres con ilusión consumista, los "todo por dos pesos" mantuvieron en los bordes pauperizados de la población las vajillas chinas y los yesos coreanos que algunos despistados creen que no sirven para nada, pero que llenan sin embargo el hambre de objetos con los cuales el sistema económico incrementa constantemente la ilusión de paliar el vacío de futuro y la ausencia de gratificación moral a la cual la sociedad civil se ve condenada.

Y estos pequeños goces que nos dimos, estas migajas del verdadero festín que transcurría en otros espacios, dis-

frutados por otros, usufructuados por otros, nos impidió
tal vez reaccionar a tiempo, reclamar a tiempo, enojarnos
a tiempo, para no convertirnos en los espectadores pasi-
vos del verdadero saqueo al cual fuimos sometidos. Porque el borde mismo de la ciudad, en esa zona en la cual el
Riachuelo se une al nunca mejor definido que hasta ahora
"cinturón del Gran Buenos Aires" en el cual se estrechan
diariamente las hebillas millones de personas, frente al
galpón en el cual se alimentó la ilusión del país inmigrante que desembocó durante años en esta tierra y que ahora
se lleva hacia fuera los restos pauperizados de su descen-
dencia, se levantan los edificios que reflejan el atardecer
porteño con sus vidrios espejados, en los cuales no hay
ni pintura descascarada ni ennegrecimiento por descuido,
porque en ellos anida un pulmotor invertido que bombea
todo el oxígeno hacia el exterior, que envía cotidianamente
la sangre y los nervios de los habitantes de lo que alguna
vez nos acostumbramos a considerar como Nuestro País.
Y esos edificios del nunca mejor denominado que ahora,
territorio de la City, fueron el predio desde el cual se eva-
cuó, a lo largo de estos años, todo el dinero, dejando algunas propinas importantes en los socios criollos, muchos de
ellos –es cierto– votados por nosotros mismos, mientras
gastábamos las monedas en las góndolas repletas de la ilusión de que éramos un poquito menos pobres.

Y en la enorme montaña de chatarra en la cual de golpe se constituyó el país, chatarra de impresoras que pueden quedar sin cartuchos de tinta que no podremos pagar,
o de autos cuyos repuestos ya no podremos importar, o de
productos recargables inhabilitados, chatarra a la cual la
inventiva nacional encontrará un destino, y que arreglare-
mos como siempre con tuercas que soñamos con comenzar
nuevamente a producir, y con alambres que no queremos
importar, y con piolines que alguien tendrá la paciencia de
ovillar, habrá que diferenciar aquello que debemos reciclar

de lo que debemos abandonar definitivamente en los basurales.

Y para ello no sólo tendremos que apelar a toda la inventiva, sino también a toda nuestra ética, a la recuperación de nuestras esperanzas históricas, a la reconformación de los enunciados que quedaron sepultados y que no pueden retornar tal cual, pero que merecen ser recuperados, porque anida en ellos lo mejor de nosotros mismos. Deberemos reciclar los conceptos de solidaridad y de justicia, y por supuesto, de mayor equidad, y también deberemos reciclar el derecho a una generación que viva no sólo tan bien como sus padres sino aun mejor. Deberemos reciclar el ideal de progreso, porque indudablemente si esto fue el fin de una historia, no puede ello ser confundido con "El Fin de la Historia", ya que esta historia recién recomienza en el punto en el cual fue aniquilada, y no sólo metafóricamente sino de manera factual, destruyendo a lo mejor de una generación que anhelaba un proyecto diferente. Deberemos reciclar el derecho de todos los niños del país a tener escuelas dignas, y por supuesto, de los viejos a tener medicamentos.

Deberemos reciclar la obligación moral de no dejar abandonadas a las generaciones anteriores ni desproteger a las que nos suceden, de considerar cada vida humana como valiosa y a su muerte como una tragedia, en virtud de lo cual deberemos también reciclar ciertos principios de convivencia por los cuales si los laboratorios y las grandes droguerías no entregan medicamentos sabiendo que su acción no sólo subordina la moral a la economía sino que el lucro que ejercen es homicida, deberán ser plausibles de penalización no económica sino criminal, y de recibir la condena de toda la sociedad.

Deberemos reciclar el derecho a ser enterrados dignamente en un país donde fue ya una bendición a lo largo de estos años que los cuerpos no desaparecieran, e incluso que fueran encontrados los restos mutilados de los seres queridos, pero en el cual aún los muertos de la pobreza deben esperar varios días porque las obras sociales no pagan a las funerarias y éstas se han desentendido del hecho de que su tarea no es sólo un negocio más sino una función social que existe desde los comienzos mismos de la humanidad.

Por lo cual deberemos reciclar el profundo horror que producen las muertes arbitrarias y los cuerpos insepultos, y reciclar la vieja idea de que las fuerzas públicas están para protegernos y no para matarnos y balear a nuestros hijos, o para dirigir las bandas delictivas más importantes del país. Deberemos reciclar la idea de que la Justicia es un bien público, y que su corrupción se va infiltrando a través del cuerpo social en su conjunto, y que si hoy los niños de todos los sectores sociales roban en la escuela es porque sus padres no les han dicho durante años: "Eso me mata de vergüenza", sino que les han propuesto el enunciado más pragmático que se ha escuchado a lo largo del país: "Mirá que te pueden agarrar", enunciado que constituye la versión más cotidiana de la famosa frase espetada por una ministra a otro funcionario: "Firmá que es excarcelable".

Deberemos reciclar la idea de que no basta con no robar por dos años[12] sino para siempre, y que el Congreso de la Nación no puede estar lleno de gente procesada por malversación o enriquecimiento ilícito, y que si aún los seguimos votando es porque nos hemos resignado al mal menor, pero que tenemos derecho a reciclar la vieja idea de que queremos el bien mayor. Y también deberemos reciclar la vergüenza de los políticos ante su inmoralidad consciente o no conscientemente ejercida, y ante su ineficacia, y ante su complicidad, y no sólo el reconocimiento de su inoperancia sino la profunda conmoción que debería agitarlos a partir del sufrimiento que su desidia,

---

[12]   La propuesta de no robar por dos años fue realizada por Luis Barrionuevo, dirigente de la CGT, quien dijo que era necesario que "dejemos de robar por dos años para que el país se arregle". Actualmente Barrionuevo es senador por el Partido Justicialista, merced a la benevolencia –¿o complicidad?– de sus compañeros de partido.

complicidad o cobardía han producido en el conjunto de aquellos a quienes deben representar.

Y deberemos reciclar el derecho a oponernos bajo los medios más evidentes a todo intento de emplear los modos indirectos de la democracia representativa para hacer exactamente lo contrario a lo que se dijo que se iba a hacer, y no tolerar la sonrisa pícara de un ex presidente –que es también un ex presidiario– que está esperando con placer que fracasen todos los planes de salvataje en este país para demostrar que él era corrupto pero que ahora estamos peor, lo cual es la muestra de miserabilidad política más terrible que se pueda ejercer, y también deberemos reciclar el derecho a pedirles a los actuales gobernantes que no nos vuelvan a ocultar la realidad como si fuéramos "un País Jardín de Infantes"[13], porque ya hemos demostrado que somos adultos y que no estamos dispuestos a que nos engañen como niños.

Pero sobre todo deberemos reciclar la idea que viene haciéndose cada vez más fuerte y que se expresa de múltiples maneras, de que la clase política no puede simplemente aplicar un vendaje sobre un cuerpo social que no deja de supurar, y que es necesario que genere un drenaje para que sus miembros corruptos, incapaces, mediocres, imposibilitados moral o intelectualmente de abandonar sus viejas componendas y sus pequeñísimas alianzas de encubrimiento que les permiten el sostenimiento del poder personal y de casta, dejen de seguir siendo considerados compañeros de camino en esta Historia.

---

[13]   Durante la dictadura militar María Elena Walsh escribió un texto que conmovió profundamente a la Argentina titulado "Un país jardín de infantes", el cual constituyó el primer alegato público de recuperación de la dignidad nacional.

X. Estamos acá

En los años sesenta, cuando los argentinos salíamos del país, hablábamos bajito. Hijos de los barcos, como se nos llamaba, llegar a Europa era como visitar a la abuela severa, aquella que nuestros padres nos habían pintado como la más fina, la más culta, la que poseía modales que tornaban nuestra barbarie bochornosa y nuestras ínfulas de menos pobres de una torpeza inadmisible. No éramos ricos como los americanos, no teníamos nada para ofrecer a nuestros parientes de allá más que la imagen del reducido bienestar alcanzado, y guardábamos la vergüenza de habernos conformado con los desarrapados de la tierra, con los sobrevivientes de todas las guerras perdidas de Europa y de todas las hambres del mundo. El sueño argentino, la América que la mayoría vino a hacerse, nunca pudo ser más que de pan y techo, y de estudio para los hijos, con un viraje brusco de estos hacia la cultura, con un desplazamiento del hambre hacia el conocimiento y el prestigio que la imposibilidad de la riqueza ofrecía como sustituto. Si los argentinos fuimos melancólicos de inicio, si la única música que pudimos inventar de verdad fue un tango lleno de decepción y amargura por amores frustros, fue porque enamorados de esta tierra descubrimos muy precozmente que no sólo no era nuestra, sino que difícilmente podríamos apropiárnosla.

Cuando la inmigración llegó acá, la Argentina era la estancia privada de doscientas familias, fuera de las cuales no había verdadera riqueza posible. Las gotas de leche de las vacas con las cuales la oligarquía hacía su fortuna, y los granos de trigo que llegaron a las bocas del resto, trigo del cual nunca dejó de apropiarse, alcanzaban para criar niños hermosos pero no para hacer crecer la riqueza del país en su conjunto. Por eso es engañosa la frase que dice que la Argentina fue el granero del mundo, ya que la riqueza de esos graneros no perteneció nunca realmente a los argentinos, sino a un grupo de ociosos patrones de la tierra que usufructuaban del feudalismo imperante sin tener las obligaciones que corresponden.

Sobre esta engañosa prospectiva se constituyeron los *tics* cotidianos: si éste era un país rico, y ya no éramos pobres como cuando llegamos de Europa, había que erradicar todo símbolo de pobreza. Como los mestizos que ocultan constantemente sus orígenes negros o indígenas, alienados en la piel del otro, dejábamos siempre algo de comida en el plato para que nadie pensara que éramos unos "muertos de hambre"; los hombres no debían usar camisas de mangas cortas, porque eso era un signo de ser un trabajador miserable: sea porque no se tenía saco para echarse encima de ella y que se vieran los puños, o porque el desgaste del cuello y los codos llevaba a que las mangas se corten para restituir lo dañado matando dos pájaros de un tiro; no se debía mirar las vidrieras de las confiterías, para que nadie pensase que deseábamos los dulces que no podíamos comprar; no había que aceptar cuando se iba de visita más que un pedacito de torta, porque otra vez corríamos el riesgo de ser unos "muertos de hambre"; llevábamos siempre pañuelo, no porque fuera de mala educación limpiarse con la manga, sino porque ahí nomás, a la vuelta de la esquina, nos convertiríamos en bárbaros, en indios, o en los miserables del mundo.

La educación argentina se constituyó como una denegación de la pobreza de origen, porque ésta nunca pudo ser verdaderamente superada. Curiosamente los espejitos de colores fueron, en este caso, comprados por los que vinieron de afuera: figurines de París con los cuales las mujeres se cosían su propia ropa, departamentos en Mar del Plata que sólo podían ser usados dos meses al año, *locatellis* y *petits fours* que se tomaban con el té, automóviles que los hombres lavaban cuidadosamente en la puerta de la casa ante la mirada de los vecinos que admiraban envidiosamente el último modelo.

Éramos tan pobres que hasta nos diferenciábamos de otros pobres por tener los zapatos de moda o el coche del año. Éramos tan pobres que ostentábamos lo que habíamos comido o tomado. Éramos tan pobres que no comíamos las sobras a la noche para que nadie pensara que habíamos pasado de la pobreza a la miseria. Porque en realidad habíamos sido miserables, habíamos conocido los calzoncillos al llegar a la Argentina los que vinimos del exterior, o a Buenos Aires los que llegaron de provincia, o porque siendo la primera generación que tenía pijamas y camisones para dormir, las *robes de chambre* eran objetos de ilusión que llevaban las divas que aparecían en películas nacionales cuya tilinguería es clásica, al punto tal que nos llevó muchos años comenzar a llamar a ese adminículo para cubrirse al salir de la cama con el nombre más hispánico de "bata", ya que lo fino se constituía siempre sobre el trasfondo de lo extranjero. Y en nuestras costumbres conservamos los restos de lo que no alcanza y obliga a la solidaridad compartida, cuando llevamos a la casa de quien nos invita el postre o el vino, rasgo de cortesía de "no llegar con las manos vacías", proveniente de una época en la cual había que poner, cada uno, lo que tenía sobre la mesa para comer, y las manos vacías eran señal no de mezquindad sino de indigencia.

Por eso el "no tener" fue símbolo siempre, en la Argentina, de fracaso. Y sólo las clases dominantes se permitían la mezquindad, porque eran las únicas que podían ser egoístas sin ser sospechadas de pobres, sin que eso afectara su autoestima, sin que su imagen se derribara. Y ellas, que derrocharon todo, que viajaron a Europa con la vaca en el barco y se hicieron por "alimentar a Mimí con su champán", por "tirar manteca al techo" y por dilapidar, acompañaron siempre su inoperancia y desidia con rapiña, siendo terriblemente críticas hacia el resto y pretendiendo para los pobres un modelo austero que era en realidad el encubrimiento de la profunda hipocresía con la cual ocultaban su profunda voracidad. Y esas clases dominantes, que fueron también clases gobernantes, malgastaron desde siempre las reservas del país, al punto tal que se ha llegado a decir irónicamente respecto a los proyectos inlogrados que nos pesan que, después de todo, "la reforma agraria argentina se hizo en las mesas de póquer y en los *cabarets* de París", ya que fue allí donde los hijos de los acumuladores de tierra perdieron, pedazo a pedazo, la riqueza no trabajosamente ganada de sus padres sino tomada sobre la base de la muerte de los indios y del hambreamiento de los demás. Riquezas incrementadas luego, podemos agregar, cuando les pasaron al Estado sus propias deudas al reconvertirse en financistas a partir de su alianza con los trepadores e inescrupulosos que usufructuaron el proyecto financiero de la dictadura en los años setenta, y aumentadas más tarde sea por la debilidad en un caso, o por la complicidad corrupta y perversa en otro, para revertir este proceso de acumulación salvaje por parte de los gobiernos que se sucedieron luego del retorno a la democracia.

Y fue así como a lo largo del siglo XIX los ingleses se dieron cuenta de que para tener la carne de la argentina no tenían que invadir el país y gobernarlo con toda la responsabilidad que ello implica, haciéndose cargo de la salud y educación de sus habitantes, de la administración y de la regulación de los impuestos, sino simplemente pactar con los dueños del poder que el país se convirtiera en un enorme abastecedor de sus necesidades, a fines del siglo XX los espíritus coloniales fueron desplazados y se limitaron a apropiarse –sin tocar la lengua, ni las instituciones, ni la educación– de los bancos, el petróleo, las redes de agua, las

telefónicas, las aerolíneas, y a destruir palmo a palmo lo que
se había construido trabajosamente en la precaria industrialización lograda por un país que nunca pudo salir de su
destino de exportador de carne, trigo, científicos, escritores,
mujeres y hombres bellos convertidos en modelos de grandes diseñadores, caballos y algunos inventos, poquitos pero
rendidores, como el *by pass* de Favaloro, el dulce de leche, y
la picana eléctrica, en los cuales se resumen los tres vértices
de la Patria.

Pero por supuesto que estos procesos no se dieron bajo
la mirada benévola de nuestros hermanos europeos o nortea-
mericanos, sino con su presencia firme y resuelta. Por eso las
privatizaciones corruptas realizadas por el gobierno de Menem a través de la garra firme de ese remedo de Cruella De
Ville que constituye María Julia Alsogaray tuvieron del otro
lado a quienes coimearon, quienes presionaron, y quienes
compartieron *lobbys* y encuentros en los cuales estos acuerdos se produjeron. Aun hoy, en los días terribles de diciembre
de 2001, Felipe González vino a hacer su trabajo de presión,
como representante de Repsol y de los bancos españoles en
la Argentina, para lograr una postergación de la devaluación
hasta principios de enero, ya que cerrando el ejercicio anual a
fines de diciembre, las ganancias se derrumbaban a la mitad
si no se mantenía la convertibilidad del uno a uno.

Y mientras *Le Monde* clama, en Francia, que "la Argentina ha muerto", la telefónica –con la cual se reparten las
comunicaciones entre empresas españolas y francesas–
pretende ajustar sus tarifas de acuerdo a la devaluación,
mientras la antigua Aguas Argentinas, en manos ahora
de la Lyonnaise des Eaux, sigue lavando sus negocios con
el usufructo producido por la benévola concesión de los
gobiernos corruptos que hemos soportado. Pero algunos
diarios europeos, ciegos a la alianza entre nuestros gobiernos y los grandes directivos de sus compañías financieras,
denuncian nuestra soberbia. Y la mojigatería, el moralismo
de cuarta y el espíritu colonial se combinan para acusar:

"¿Vieron? Los argentinos fueron gastadores, soberbios, se creyeron ricos y no lo eran, no supieron ahorrar, zurcir medias, hacer calceta, ir a misa, comer papas, reconocer su destino de *sudacas* pobres del mundo, pretendieron competir con nosotros, andar por Saint-Germain o por Velásquez sin pudor, ¡y de modo hasta desafiante! Dios los castigó, ¡y ahora pagarán su soberbia con la muerte del país!".

Porque hay un cierto goce triunfalista, impiadoso, en estas afirmaciones. Se une allí el pasado colonial con el revanchismo hacia los Estados Unidos, ya que supuestamente esto muestra también que además de nuestros pecados de espíritu los argentinos, en lugar de alinearnos con los americanos, hubiéramos debido retornar a los principios, y darnos cuenta de que nuestros verdaderos hermanos carnales son los europeos, y que los lazos que nos unen, de religión, de lengua –romances, latinas–, lazos del espíritu en fin, son los únicos que valen, y entonces todo esto no nos hubiera pasado.

Pero algo lamentable se produce cuando el mundo intelectual queda capturado por el pensamiento cotidiano de los sectores más atrasados de un país, y eso parece ocurrirle a una parte del periodismo europeo que clama por castigo a los argentinos. La pérdida de referentes hace que se pierda de vista el hecho de que ni los argentinos nos creímos ricos, ni todos fuimos cómplices de la corrupción, y que si una responsabilidad nos cabe es haber sido parte de una historia en la cual se sucedieron terribles derrotas de ese pensamiento y ese accionar que pretendió poner coto al proceso financiero salvaje, no sólo con las muertes de una guerra sino con el horror de la mutilación y la desaparición de los cuerpos de sus protagonistas y de los ideales de una generación, y que hace menos de veinte años que intentamos reconstruir un país sin golpes de Estado, sin represión, sin muertos en la calle, y con una clase política que aúna su inexperiencia en el poder con su debilidad constitucional, sus miedos ancestrales, o su corrupción crónica.

Y, por qué no, que sabiendo que no había que confundir gordura con hinchazón, y que tener un dólar barato no era ser ricos, nuestros fantasmas nos impidieron enfrentarnos con toda la fuerza posible al proyecto de desmantelamiento que ejercieron los capitales internacionales con sus aliados criollos. Aliados a los cuales indudablemente votó la mayoría, eligiendo hacer la vista gorda a sus inaceptables defectos, pero también a los cuales pareceríamos no estar ya en disposición de aguantar más, y frente a los cuales nos preparamos para producir un relevo que dé las condiciones para una nueva República.

Porque si algo hemos ganado, es la pérdida del pudor de ser pobres. Y ello nos permite comenzar a recuperar la dignidad de ser quienes somos: los que con nuestros precarios medios no sólo llegamos a estas tierras y sobrevivimos, sino que alojamos solidariamente a nuestras familias cuando las guerras y miserias las expulsaron de su entorno originario; los que pudimos dar algunos premios Nobel de ciencia, y no sólo de la paz o de literatura a los cuales parecía que nuestro destino geográfico nos condenaba; los que enterramos a gran parte de nuestros mejores hombres en el exterior, y hoy sufrimos porque se van camadas enteras en un drenaje infernal de recursos simbólicos formados desde hace muchos años no con el esfuerzo del Estado sino de la sociedad civil que toma a su cargo la conservación y producción de inteligencia; los que seguimos escribiendo, pintando, haciendo cine, música, teatro, inventando diariamente algo para ganarnos la vida, trabajando de argentinos, intentando saber quiénes somos, producir algo nuevo, abrirnos los ojos juntos aunque tengamos que mantenernos para ello despiertos, noche tras noche, con el ruido de las cacerolas.

Después...

XI. Una vez más hemos votado

Una vez más hemos votado[14]. Y esto, que tal vez no signifique demasiado para los pueblos acostumbrados a vivir en democracia, es para nosotros todo un símbolo de nuestra supervivencia como Nación. Hemos votado sin entusiasmo, sin pasión, sin esperanzas de que las elecciones puedan modificar nuestra vida presente, sino, a lo sumo, detener la caída, lograr una breve estabilidad de un paciente grave cuyos índices de sufrimiento seguimos cotidianamente en las pantallas de televisión y en los diarios. El país se deteriora, padeciendo no ya la crisis más grave de la historia –frase que nos hemos acostumbrado a oír a lo largo de estos últimos treinta años repetidamente– sino un proceso de deconstrucción, de depredación, que nos retrotraen a índices de salud, educación y calidad de vida con los cuales hemos retrocedido un siglo en pocos años. El país adolece, sufriente, y nadie se hace ilusiones de que en poco tiempo estará restablecido.

Una vez más hemos votado, y lo hemos hecho sólo para sostener un espacio virtual, un lugar desde el cual buscar sin padres salvadores de la Patria ni mágica ayuda extranjera un proyecto de país no sólo posible sino nece-

---

[14]   En referencia a las elecciones de mayo de 2003 (N. del E.)

sario. Y hemos votado de distintos modos, complejamen-
te, en el marco de un trabajo esforzado por diferenciar
corrupción de inmoralidad, interés personal de interés
colectivo, búsqueda de salvación y construcción de futuro. Si Sartre afirmaba que la libertad es tener al menos una
posibilidad de elección, los argentinos damos evidencia
de que múltiples elecciones no son necesariamente un
mayor grado de libertad sino, en nuestro caso, falta de
opciones confiables.

El modo con el cual se distribuyó el voto puede ser
leído entonces como la resultante de un debate ideológico,
expresado en las urnas, de un país que no puede aún reponerse de la inmoralidad profunda a la cual quedó sometido
primero con la dictadura militar y luego con la aplicación
salvaje del modelo neoliberal, episodios de la historia argentina que generalizaron la indecencia ancestral de los
sectores gobernantes y su voracidad inescrupulosa a los
sectores más amplios de la sociedad.

De este modo, un 23% votó, junto a Menem, por la
alianza entre la corrupción mafiosa y el gran capital financiero –voto vergonzante y oculto por parte de los
sectores más enriquecidos de la sociedad, confesado por
los más miserables que sólo esperan alguna miga caída
del banquete que les permita la supervivencia material
y que han sido embrutecidos hasta la indignidad–. Y
el 21,5% con Kirchner, que representa el ala que, desde
el interior del peronismo, sostuvo tradicionalmente la
defensa del patrimonio nacional mediante el desarrollo
de la industrialización y el comercio interior, y cierta
autonomía relativa respecto a la política exterior de Estados Unidos –como la abstención argentina propiciada por Duhalde respecto al veto a Cuba o la guerra de
Irak lo demuestran–. Sector que por supuesto no está
exento de corrupción, pero de una corrupción que los
votantes consideran controlada en el marco del interés político más general, de una corrupción estructural

que el peronismo arrastra como parte de sí mismo pero sus votantes consideran que no mina, en definitiva, la creencia que se sostiene a través de generaciones de que no ha surgido aún en la Argentina otra opción política que pueda dar identidad y bienestar inclusivo a amplias capas de la población. Los restos del peronismo caudillista, del nacionalismo criollo que aúna militares y patrones de estancia se conjugan en Rodríguez Saá y sus compañeros de camino. En este 13,4% de los votos del peronismo "es un sentimiento" sin programa, sin proyecto, pragmática pura que degrada la política a los vínculos personales y la corrupción a los modos clásicos, supuestamente controlable, históricamente conocidos, reprobables pero cuyos escándalos transcurren en los márgenes y no en el centro.

La opción anticorrupción se evidencia con fuerza, por otra parte, en los votantes de López Murphy, pero de modo engañoso, y que nos obliga a un fino ejercicio de diferenciación entre el robo abierto que la corrupción implica y la inmoralidad con la cual se puede ejercer el saqueo del país en el marco de la legalidad del sistema. López Murphy, con el 16,8% de los votos, capitalizó a quienes ponen la cuestión anti-corrupción por encima de toda otra aspiración, haciendo caso omiso o desconociendo que este ex ministro de defensa y ex ministro de economía del gobierno derrotado por el cacerolazo de diciembre de 2001 es el hombre conspicuo del FMI, que conserva relaciones íntimas con las fuerzas armadas y se rehúsa a enjuiciar su actuación durante el terrorismo de Estado, que ha propuesto la privatización de las universidades públicas y cuyo primer acto de gobierno como ministro de economía, consistió en disminuir en quinientos millones de pesos el presupuesto universitario. *Chicago boy* dispuesto a formar un partido neoconservador, acorde a las necesidades actuales del capital financiero, y sin embargo votado por un sector importante de la ilustración harto de continuismo corrupto peronista pero ciego a la profunda inmoralidad del modelo neoliberal, en una etapa en la cual su aplicación puede desprenderse de la corrupción que lo sostuvo y que requiere, por otra parte, el sostenimiento de alianzas internacionales firmes con los Estados Unidos en la nueva polaridad mundial que hoy se articula.

Los votos contra la inmoralidad y la corrupción constituyen casi un 20%, si contamos a Elisa Carrió con el 14,4% y a los restos de una izquierda desmembrada, y volcada más a la construcción de movimientos sociales y a su sostenimiento como forma de instalar nuevos modos de la democracia que a plasmar algún tipo de alternativa institucional. Carrió, fiscal espontánea de la Nación proveniente del radicalismo, que rescata en su modalidad desenfadada y desaforada algo de la tradición de la locura como único modo de enfrentamiento al poder instituido –tenemos ejemplos privilegiados de ello en nuestra historia–, fractura la razón oficial. Cuatro millones de votantes escogen el enfrentamiento desde una racionalidad enfrentada a la razón perversa del poder de Estado, votando conjuntamente contra la corrupción y la inmoralidad, sin que ello implique algún tipo de claridad respecto a las vías que tomará la gobernabilidad del país.

Si el problema argentino pasa por la política o por la recomposición de una ética del compromiso y la solidaridad es evidentemente la cuestión central. Por ahora, es claro que más allá de los modos de articulación entre moral y política, el 2,5% de los votos en blanco y anulados marca, frente al 47% que tuvimos los argentinos en 1999, un profundo retorno a la política. Y ello ante el descrédito y el deterioro general de la corporación política argentina, lo cual pone de relieve que si no tenemos aún una salida, al menos sabemos a dónde no queremos retornar, y por eso la segunda vuelta estará marcada, más allá de contradicciones y pasos vacilantes, por la profunda vocación de retorno a modos menos brutales y más justos del ejercicio de la función pública en la Argentina, y por el rechazo a la combinación siniestra entre corrupción e inmoralidad que marca el modelo menemista.

XII. El horror a la indiferencia

La sociedad argentina se ha ido llenando, a lo largo del tiempo, de síntomas que dan cuenta no sólo del grado de deterioro económico al que ha quedado sometida sino de lo difícil que será remontar las consecuencias de años de estafa, saqueo, asesinatos y crímenes de todo tipo frente a cuya impunidad se ha ido produciendo en el imaginario colectivo la convicción de que la justicia si no imposible es prácticamente inaplicable y que nadie puede dar garantías de su ejercicio.

En dos días la muerte de un operario de Edesur[15] que iba a cortar un servicio de luz impago –quien cobraba quinientos pesos por mes y un peso cincuenta por corte–, el vaciamiento de la computadora del fiscal del caso Carrascosa[16], la afirmación y luego el retroceso del presidente de la Nación respecto a la recuperación de las grabaciones que fungen de pruebas de implicación

---

[15] Una fiscal de Lomas de Zamora pidió 20 años de prisión para un hombre, acusado de matar a un operario de Edesur cuando le iba a cortar la luz, en julio de 2004 (*Clarín*, 21/05/2007)

[16] El fiscal de Instrucción de Pilar, Diego Molina Pico (quien investigó el crimen de María Marta García Belsunce) descubrió que "le vaciaron la información del disco rígido de su computadora", según revelaron fuentes judiciales. El hecho se conoció junto con su designación como fiscal de juicio ante un tribunal oral de San Isidro (*Clarín*, 21/07/2004).

en el caso AMIA[17], manifiestan, de distintas maneras, de modo no homologable pero llamativamente concentrado, las formas con las cuales nuestra sociedad se desliza del horror a la indiferencia.

Las explicaciones superficiales han demostrado su ineficacia. Ni la miseria en sí misma engendra este nivel de violencia, ni justifica que mil trescientos empleados de la compañía de luz hayan sido amenazados cuando salían al cobro de cuentas impagas. Sólo en una sociedad atravesada por profundas promesas incumplidas, resentida por las esperanzas traicionadas, atacada en sus fundamentos mismos por la tibieza con la cual se pretende resolver la ausencia de un Estado no sólo protector sino garante de la vida del conjunto de la Nación. Sólo una sociedad en la cual las corporaciones delictivas se apropian en muchos momentos de aquellas ramas de la función pública que deberían estar al servicio de la comunidad, y en la cual la seguridad está en gran parte en manos de quienes regentean el delito y la salud en manos de quienes lucran con el sufrimiento. Sólo una sociedad en la cual las grandes corporaciones prestadoras de servicios han robado, lisa y llanamente, a los usuarios, y en la cual se ha llegado a la exasperación sin encontrar por ello la vía de resolución de los conflictos, y donde cada uno ha decidido convertir su pequeño territorio en bastión y hasta los monumentos públicos han dejado de ser de todos porque las calles y parques ya no representan al conjunto sino que son vividos como lugares de tránsito hacia la miseria o la demanda, en la cual los edificios de gobierno son sentidos ajenos por más del 50% de la población, se puede entender el hecho de que la batalla sectorial haya enfrentado no sólo a pobres contra pobres, sino a cada uno con el otro.

---

[17] El juez federal Claudio Bonadío definirá si ordena el interrogatorio de Kirchner, Fernández y Parrilli para dilucidar lo ocurrido en torno al falso anuncio sobre la recuperación de grabaciones extraviadas hace casi diez años de la investigación por el ataque a la AMIA (*La Capital*, 27/07/2004).

Porque si la demanda de justicia no puede quedar impune, es evidente que la penalización de las acciones delictivas será absolutamente ineficaz si no se restablece sobre el trasfondo de culpa y reconocimiento de la ley moral que implica la responsabilidad hacia el otro. Y ello en razón de que no hay posibilidad de instaurar legalidades sino sobre la base del compromiso subjetivo de quienes se involucran en ellas.

Los argentinos venimos de años de impunidad y deterioro del imperativo que rige toda sociedad: actuar de tal manera que la propia conducta pueda ser considerada como ley universal, lo cual da el derecho a considerar que puedo exigir de los demás que actúen del mismo modo a aquel con el cual me propongo actuar hacia ellos. Pero la sectorización, la descomposición de la noción de conjunto, la fractura de las obligaciones hacia el semejante y de los nexos de solidaridad y compasión han producido un extrañamiento en el cual no sólo ha ido perdiendo a lo largo de los años todo valor la vida humana, sino toda noción de conjunto.

Si no robo, si no mato, si no sospecho de todos y cada uno ni hago usufructo de los bienes de los demás, tengo derecho a suponer y esperar que el otro se rija por la misma regla. Pero además, si se recupera el sentimiento de orgullo y no el pudor de que las obligaciones hacia el semejante nos hagan odiar la injusticia, reclamar mayores niveles de beneficio compartido, vergüenza ante el privilegio y no sólo temor por la venganza de los despojados, la recomposición de un pacto interhumano en el cual la vida del otro tenga valor en sí misma y no sólo como modo de control del delito o de la violencia podrá restituir a nuestra sociedad y restituirnos a un proyecto en el cual emociones tan básicas como la culpa y la vergüenza sean patrimonio de todos y no sólo excrecencias del siglo XX de las cuales hay que desprenderse para avanzar en el camino de conservación del propio bienestar a cualquier costo.

XIII. Nuestra responsabilidad hacia los combatientes

Debo confesar que sólo hace algún tiempo pude captar, no sólo de manera intelectual sino profundamente vivencial, la tragedia de los ex combatientes de Malvinas. No me fue sencillo, durante años, separar a las jóvenes víctimas de esa guerra de mi rechazo global a las formas con la cual la sociedad argentina se embarcó en una ilusión restitutiva del patriotismo con los personajes dictatoriales que hicieron usufructo, hasta su derrota escandalosa no sólo militar sino también del engaño con el cual recibieron un apoyo popular que parecía querer echar por tierra años de dominio, de terror y perversión.

Mi dificultad no estaba asociada, como ocurrió con muchos argentinos, con la renegación de una participación entusiasta y de carácter maníaco en la promesa de recuperación del honor nacional, cuando sentí desde el principio que este honor había sido profundamente lesionado no desde el exterior sino del interior mismo del país. Años de sometimiento esperanzado generó en muchos compatriotas no sólo la obediencia sino la aquiescencia hacia los represores, y el discurso, vitoreado en la Plaza de Mayo, en el cual Galtieri, con los ojos borrosos de un borracho y no de un general emocionado, dijo: "Morirán trescientos, morirán tres mil, morirán treinta mil", fue aplaudido y coreado; no sólo heridas sino una vergüenza profunda que no ha recibido aún suficiente denuncia respecto a los alcances de la infamia.

Reconozco que no tengo certeza respecto a las cifras que acabo de mencionar. Sí recuerdo el discurso, pero el error matemático bien podría ser, de mi parte, una fusión entre los treinta mil desaparecidos que se han convertido en símbolo de la resistencia y las cifras que el personaje realmente empleó. Si es así, esta superposición, este error de memoria, este "recuerdo encubridor", como acostumbra a llamarlo el psicoanálisis, constituya tal vez el modo con el cual incluir, de modo íntimo, a los combatientes en el orden de los Derechos Humanos, y de su necesario reconocimiento por parte de todos.

Cuando relatan la historia, son muchos los que no saben cómo explicarle a sus hijos el hecho de haber estado en la Plaza de Malvinas, el haberse ilusionado y haber apoyado no el reclamo justo por las Islas sino la esperanza de que tremendos delincuentes pudieran conducir a su recuperación, cuando ellos mismos habían formado parte del saqueo del país que proponían defender.

Es posiblemente esta vergüenza la que impidió darle a los combatientes el apoyo que merecían, es posiblemente el silenciamiento de la propia complicidad la que se depositó en quienes sufrieron hambreamiento, estacada y frío generado por sus superiores, oficiales entrenados en el maltrato y la tortura, en el desprecio por su propia tropa, en la depositación de su propio horror en el otro humano. Al igual que ocurrió con la guerra de Vietnam en Estados Unidos, la sociedad se cobró en los ex combatientes su propia aquiescencia, y quienes no se opusieron a la guerra no pudieron recoger los restos dañados de sus semejantes, barriendo bajo la alfombra sus propias responsabilidades junto con los fragmentos de una historia canallesca de la cual se sintieron partícipes.

En descargo de esta sociedad podríamos decir que Malvinas fue también el lugar donde restituir, imaginariamente, la dignidad perdida en esos años. Humillados, sometidos no sólo por la dictadura sino por esa mezcla perversa que invadió al país de terror y supuesta bonanza económica, el escenario de la guerra se mostró como el lugar ideal de reconciliación frente al enemigo exterior.

La presencia de un enemigo exterior ha sido siempre el modo con el cual los seres humanos hacen tabla rasa con sus propios conflictos intra-tribu, unificando muchas veces lo inunificable, dando coherencia a contrarios y adversos imposibles de reunir de otro modo. El enfrentamiento al enemigo exterior es paliativo del sentimiento de impotencia con el cual se soportan vejaciones y despojos en las dictaduras, y no es entonces casual el hecho de que gran parte de ellas hayan explotado los modos espurios de un supuesto orgullo convocante. Muy diferente es el enfrentamiento justo a un dominador extranjero, enfrentamiento que no puede realizarse de manera eficaz sin compromiso moral y sacrificio de todos los implicados en ello. Por eso las guerras que arrasan con la ética, que se proponen como ajenas a las convicciones profundas, que empujan a lo peor de nosotros mismos, son guerras vergonzosas, cuyo recuerdo quisieran borrar los hombres junto con el recuerdo de quienes combatieron en ellas.

Por eso Malvinas fue una paradoja enloquecedora: un reclamo justo llevado a cabo por canallas, algo así como salir con el jefe de la mafia del pueblo, que nos viene robando y sometiendo durante años, a reclamar al vecino los objetos de los cuales despojó a nuestra familia hace una centuria, sin exigir, al mismo tiempo, la devolución del televisor, el equipo de sonido, e incluso las ollas que acaban de sustraernos. Canallas que nunca asumieron su responsabilidad respecto a las muertes que dejaron en el país, y que aún hoy se siguen produciendo.

Una guerra perdida no deja durante tantos años un saldo de suicidios como los que se vienen produciendo entre los ex combatientes. Hay suicidios desesperados y otros desesperanzados. Desesperanzados quiere decir silenciosos, que no toman una forma pública de denuncia, que no se ejercen bajo la forma enloquecida de una respuesta al agravio o la impotencia, que se sienten ausentes de interlocutor a quien dirigir el mensaje último. Como ocurrió con los refugiados de la Segunda Guerra Mundial, no se trata de rebeldes enloquecidos que lanzan su desafío al mundo, que intentan matar en sí mismos a todo el universo...[18].

Desesperanzado o desesperado, el suicidio implica generalmente un mensaje. Es la forma última de expresar lo que no ha sido oído, lo que nunca fue recibido. Se trata siempre de la persistencia del ser: se sigue siendo aun cuando se haya dejado de vivir, se pretende sea conservar una imagen de sí mismo ante los ojos de los otros o los propios –caso de la elección de la muerte en casos desesperados de degradación física o moral–, sea hacer saber el enorme dolor soportado por el mal recibido.

En los casos de traumatismo severo como son las guerras, el paliativo no sólo lo constituye el tejido familiar que genera una corriente aliviante y ligadora del sufrimiento atravesado, sino el tejido social que reivindica las acciones realizadas, lo cual no se reduce a la victoria esperada u obtenida, sino fundamentalmente a la identificación con los combatientes en el sacrificio realizado.

Los combatientes de Malvinas relatan el aterrizaje brusco que implicó la llegada al país, el modo con el cual la sociedad silenció su presencia, la desconoció o la ocultó, y la enorme desilusión que acompañó no sólo la derrota sino también el desconocimiento. Casi niños, habiendo sido tra-

---

[18]   Hanna Arendt, "Nosotros los refugiados", en *Hanna Arendt, Tres escritos en tiempos de guerra*, Ed. Bellaterra, Barcelona, 2000.

tados por su propia oficialidad como prisioneros de guerra aun cuando estuvieran en combate aparentemente por la misma causa, no estando preparados para el combate, lo único que aliviaba ese sufrimiento físico y moral era la esperanza del reencuentro con un país que supuestamente los recibiría como héroes.

Trescientos cincuenta suicidios, a los que se suman los de tres adolescentes, hijos de ex combatientes, sobre 649 bajas ocurridas en la guerra, muestran que el efecto desmantelador no sólo de los traumatismos sufridos durante la guerra sino de aquellos producidos cuando la sociedad argentina negó su responsabilidad y obligaciones hacia quienes no rescataron ni en el momento adecuado ni *a posteriori*, lo cual, con breves paliativos, continúa hasta el presente.

La no repatriación de los cuerpos de los muertos –bajo pretexto de que hacerlo implicaría renunciar a la consideración de que las Islas constituían parte del territorio argentino–, y el horror de que fueran enterrados en su mayoría en fosas comunes bajo el anonimato y en un sitio de difícil acceso para los familiares, no es un hecho menor del horror de esta historia.

La indiferencia ante el sufrimiento es vivida por los seres humanos como la forma extrema de la crueldad, por eso las víctimas de vejaciones históricas tardan tanto en poder relatar sus sufrimientos, temen encontrar la incredulidad o la indiferencia en los ojos del otro. A los SS se los formaba para considerar que los lamentos de las víctimas eran formas de manipulación sobre sus emociones, trampas en las cuales no se debía caer y en razón de ello se los convocaba a redoblar el castigo. El llanto, el primer desborde de sufrimiento en la cría humana recién nacida, deviene mensaje para el adulto y a partir de esto se convierte en comunicación, en convocatoria que impulsa la acción del otro que reconoce al bebé como su semejante. Por eso la incapacidad de leer el mensaje del sufrimiento, si da cuenta en algunos casos de una patología grave, en otros pone de manifiesto cómo el egoísmo puede llevar, por el sólo hecho de "la no-respuesta", al redoblamiento del sufrimiento de quien padece.

La ausencia de tratamientos adecuados, cuya responsabilidad, se supone, cabe a los organismos médicos del ejército, fue denunciada reiteradamente y en algunos casos de modo elocuente. Tal el texto de Cristian Alarcón ya en 1999[19], cuando las muertes por suicidio superaban el número de 250: "Las imágenes de la guerra regresaban con la frecuencia de las bombas inglesas en esos setenta días del '82. En el último mes, en estos días que rodean al siniestro 2 de abril como el frío fango a los pies en la trinchera, había intentado suicidarse dos veces y había estado internado cuatro días en el Pabellón de Salud Mental del Hospital de Campo de Mayo. Finalmente, Luis Alberto Lopresti, 37 años, veterano de Malvinas, un hijo de 12, se colgó en la soledad de un departamento porteño, el domingo de Pascua, después de haber perdido su trabajo como remisero. Así pasó a engrosar la lista de 265 ex combatientes que se han quitado la vida desde el conflicto armado en las islas. Ayer, sus familiares y el presidente de la Federación de Veteranos de Guerra de la Argentina, Héctor Beiroa, responsabilizaron al Ejército Argentino por 'las pésimas condiciones en que son atendidos los sobrevivientes de la guerra en Campo de Mayo. Se los dopa, se los encierra, y se los devuelve a la calle sin ningún tratamiento'. Desde 1983 que Lopresti pasaba por el Hospital Militar, en el deambular de quienes no disponen de servicios de atención alternativos. Si bien existe un programa de atención para veteranos de guerra dependiente del PAMI, no son muchos, de los 16 mil ex combatientes, quienes

---

19   Cristian Alarcón, "Un soldado acosado por el fantasma de la guerra", *Página/12*, 8 de abril de 1999.

conocen las vías institucionales para llegar a él. 'Desde que salió de la guerra terminó siempre volviendo a ese lugar, quizás porque es más directo. Pero no lo trataban bien. Lo dopaban y no le daban contención, pero además los mezclaban con psicóticos y enfermos peligrosos. Él contaba que las enfermeras no les decían el nombre, sino que los llamaban 'loquitos'. 'A ver, loquito de aquí, o loquito de allá. Nunca por el nombre', dijo Karina Lopresti, una de sus hermanas. Los veteranos de guerra continúan denunciando, después de 16 años, la poca contención social y estatal para quienes regresaron con serios traumas de Malvinas. Las pesadillas, el alerta permanente –confundido a veces por los psiquiatras con la paranoia esquizofrénica–, el adormecimiento emocional, o las evocaciones de escenas de la guerra que aceleran el ritmo cardíaco y generan angustia y ansiedad son algunos de los síntomas que pueden culminar en los casos severos con el suicidio. Consultada por Página/12, la psicóloga Cristina Solano, a cargo del servicio de salud mental de PAMI para Veteranos de Guerra, explica que la salida al trauma 'ha sido casi siempre individual. Por parte de la sociedad y del Estado no hubo ninguna contención. Casi todos los supuestos tratamientos que se implementaron fueron solamente para hacerlos callar. Los tratan en general como psicóticos y cuadros delirantes con terapias represivas, terapias de silenciamiento'. Según los datos del servicio, que se desprenden de un testeo a nivel nacional, el nivel de suicidio de veteranos de guerra es alarmante: uno por mil por año. Lo que significa un promedio de 15 suicidios anuales".

Sí, indudablemente, el Estado ha sido muy poco retributivo, muy poco continente, muy poco responsable, y sus organismos no han dado contención psicológica suficiente, no se han hecho cargo. ¿Pero por qué habríamos de suponer que un ejército que no ha podido aún sentir culpa ante sus acciones criminales cometidas haría una excepción con un sector de sus víctimas? ¿Por qué no ha sido la sociedad civil, la misma que cantó con entusiasmo e irresponsabilidad "que venga el principito, lará lará lará...", quien tomara en sus manos el derecho de los ex combatientes a no ser considerados parte de los represores, parte del ejército que transformó, antes que a los ingleses, en enemiga a gran parte de la Nación?

Sabemos por los relatos que muchos de los combatientes, que esperaban ser recibidos calurosamente por sus vecinos y amigos, representantes en su fantasía de la Patria misma, no encontraron a nadie en la calle que recorrieron para llegar a su casa, salvo a sus propias madres, a su familia más íntima. Esos niños tenían dieciocho, diecinueve años, y habían llenado su cabeza de representaciones paliativas mientras soportaban el frío, el hambre, la tortura a la que se veían sometidos en el estaqueo, por esos superiores indiferentes al sufrimiento y crueles en el ejercicio del mismo.

Y mientras ellos fueron piezas de una historia en la cual el ejército que los arrastró a la muerte no sólo fue derrotado militar sino moralmente, bajo la condena a la dictadura se oculta también la vergüenza de la sociedad de haber ejercido la complicidad sin haber protegido a sus jóvenes una vez más. El hostigamiento silencioso se caracterizó, principalmente, por la ausencia de respuesta, por el silenciamiento que llevó al colmo de que el número de suicidios no escandalizara sino a algunos pocos. En una sociedad, por otra parte, atravesada por "la fatiga de la indignación", por la naturalización de la muerte, por la resignación ante la pérdida de los niños.

Un mensaje sólo es tal cuando llega a destino. Puede estar ausente el emisor –caso de la lluvia interpretada como mensaje divino–, pero no puede faltar el elemento material portador ni el receptor. De éste último se espera la interpretación, la respuesta, la conmoción, el alerta, el reconocimiento del daño ejercido, la ausencia de respuesta anhelada.

El mensaje de los ex combatientes no devino tal porque no encontró destinatario. Sus formas no más violentas sino más rotundas se expresaron en los suicidios que ya trascienden las generaciones. En su texto "Suicidio en el Monumento a la Bandera: las otras muertes que dejó la guerra", Alberto Amato[20] escribe: "Era un chico y ya soñaba con el mar. Sabía, con la intuición disparatada y certera de los chicos, que más allá del río tumultuoso que besaba la costa rosarina, había otra agua, de otro color, de otro sabor, de otra profundidad. Otro mundo a descubrir. A los 15 años, Eduardo Paz se alistó en la Armada. A los 17 sirvió en el destructor 'Seguí'. Después pasó por el portaaviones '25 de Mayo'. Llegó a ser cabo artillero. Cumplió 21 años en Malvinas. Volvió de la guerra. Pidió su baja. Intentó seguir viviendo. Se casó. Crió seis hijos. Sintió que su matrimonio se desbarrancaba. El lunes 22 de noviembre de 1999 dejó sobre una mesa su agenda, un teléfono celular que le habían prestado y las llaves de su casa. Mintió ir al Centro de Veteranos de Guerra de Rosario. Caminó hasta el Monumento a la Bandera. Subió por el ascensor los veintitrés pisos, hasta el mirador, hasta lo más alto. Miró el río. Volvió a intuir el mar, como cuando era chico y soñaba con palabras que ignoraba como pañol, amarras y sotavento. Se las ingenió para remover una reja de quita y pon para que la televisión registre los actos oficiales. Después se arrojó a la muerte desde setenta metros. Eduardo Adrián 'Tachi' Paz cayó desmadejado cerca de la efigie de la Patria Abanderada. No dejó una sola línea que explicara su decisión. Su familia cree que, antes de dar ese salto a la nada, pasó por una iglesia del culto evangelista. Las autoridades impidieron que la mamá

---

[20]   Alberto Amato, *Clarín*, 06/04/2002.

de 'Tachi' y la hermana vieran el cadáver. No dejó entrever su decisión. Ocultó su agonía y se la llevó a la tumba. Lo último que vio fue el agua que era parte de su vida. Dicen que en la mano derecha llevaba aferrada una foto de sus hijos".

Este mensaje no fue recogido en el país, porque se pretendía silenciar lo que realmente expresaba: víctimas los combatientes mismos de las formas del terrorismo de Estado cuyos autores continuaron en la guerra sus métodos brutales: el hambre, el saqueo de los envíos, el hecho de que no llegaran ni siquiera los alimentos que mandaba la familia, el maltrato y hasta la tortura. Pero la sociedad argentina, lejos de asumir su propia responsabilidad hacia las víctimas, se cobró en los combatientes su complicidad con esa guerra, sin que se haya hecho hasta el presente un balance que nos obligue a una reflexión sobre nosotros mismos.

La actitud renegatoria de la complicidad, que se extendió a la renegación de los chicos de la guerra, es de alguna manera el modo con el cual la sociedad también se lavó las manos de esa guerra que avaló, sabiendo que restituía durante su transcurso el supuesto prestigio de un ejército que a lo largo del siglo XX sólo había ejercido la represión y la tortura y nunca el combate abierto.

Y aunque no nos quepa la menor acerca de nuestro derecho a la recuperación del territorio reclamado, es necesario diferenciar el carácter perverso en el cual ésta se gestó, siendo los soldados sus propias víctimas. Ellos no la declararon, fueron apresados en su interior, deviniendo el exponente paradigmático del modo con el cual los sectores más carenciados de nuestro país son instrumentados para los proyectos perversos del poder.

Por eso la deuda mayor de la sociedad argentina consigo misma y con los combatientes es la restitución de un tejido simbólico que engarce esta experiencia y analice responsabilidades y deudas, generando condiciones que paren el pendular enloquecedor que va de la heroicidad a la inexistencia, reconociendo, una vez más, que la vergüenza nacional pasa por complicidades y alianzas que van dejando un profundo desgaste moral en el conjunto de los argentinos.

XIV. El derecho de volver
a creer en las palabras[*]

Y aquí estuvimos. Un fin de año en este país nuestro que no termina de cicatrizar y ya abre nuevas heridas, en el cual nos hemos habituado no a ser optimistas pero sí a alegrarnos cuando lo peor no ocurre.

Los argentinos somos como un tentetieso: nos golpea la vida y cuando parece que caemos, nos ponemos nuevamente en movimiento volviendo a la posición anterior, antes de que se estabilice el cuerpo. Los padres salen a pedir justicia anticipándose velar a sus muertos, porque saben que no hay descanso posible ni para ellos ni para quienes seguirán amando el resto de sus vidas, sin reposo.

Pero como una lluvia fresca de este verano terrible algo ocurrió cuando se venía encima el horror nuevamente. Y encontramos a Gerez, y el país volvió a ser nuestro por un tiempito. En esa disputa que tenemos entre la ajenidad y el derecho a la identificación. Y lamentablemente no hubo quinientos mil argentinos en la Plaza de Mayo pidiendo que cesara la impunidad. Entre quienes están

[*]   Este texto fue escrito luego del discurso que el 29-12-2006 pronunció el Presidente Kirchner, en el cual acusó a la "mano de obra desocupada" por las desapariciones de Julio López y Luis Gerez. "No vamos a ceder ante la extorsión, no permitiremos que paren los juicios", enfatizó el Presidente en ese discurso [N.d.E].

sometidos a la supervivencia cotidiana y aquellos que han llegado a la desesperanza y a la fatiga de la indignación, nuevamente el año nos traía un final trágico. Y en medio de ello llegó el discurso del Presidente. Y le creí, tengo la obligación moral de decirlo y de explicar mis razones que no son sólo de fe sino de cuidadoso andar por los límites de la creencia.

Porque el problema de la desconfianza no radica en lo que uno piensa del otro, sino en la duda que uno tiene acerca de su propia capacidad de análisis de la realidad. La creencia sólo se puede sostener sobre la base de la confianza en el propio juicio y en su sometimiento crítico: sin fanatismos ni desconfianza paranoica de ser engañado, no por el otro sino por uno mismo en su visión del otro.

En un texto maravilloso de esos que nos ha dado Oliver Sacks, el neuropsicólogo inglés autor del libro en el que se basó el film *Despertares* y que forma parte de su libro *El hombre que confundió a su mujer con un sombrero*, relata cómo se desarma de risa un grupo de pacientes afásicos internados en una sala hospitalaria. Los afásicos, de emisión o comprensión, no pueden entender el sentido de las palabras que han perdido, pero incrementan su sensibilidad hacia tonos y gestos bajo formas de observación que sólo los niños poseen. Si se les habla con naturalidad, captan la mayor parte del significado, y logran encontrar en gestos y actitudes, más allá de toda representación, la esencia del mensaje. Por eso reían los pacientes de la sala, confrontados a un televisor donde un viejo fantoche quería hacer creer un discurso en el cual ni él mismo creía.

Por su parte, desde otra patología, y con una mirada muchos menos lúdica y más crítica, pacientes que sufren de una "agnosia tonal" –absolutamente incapacitados de percibir esa tonalidad emocional– sólo pueden guiarse por la coherencia de las construcciones gramaticales y su calidad lingüística. Coherencia y claridad permiten la comprensión en estos casos, en los cuales se ve afectado el lóbulo temporal derecho, a diferencia de las afasias, en las cuales se afecta el lóbulo temporal izquierdo.

Los argentinos, a lo largo de los años, hemos devenido semiólogos. No nos importa lo que se dice, sino para qué se dice: nos dirigimos a las condiciones de la enunciación –qué determina que alguien diga lo que dice, en qué circunstancias, a qué intereses responde– y no el enunciado mismo, el cual en muchos casos viene a corroborar lo ya sabido.

Pero también nos hemos vuelto grandes discutidores de tonos y coherencias. Sabemos que hemos sido engañados reiteradamente; no sin nuestra propia responsabilidad la desilusión es el precio de nuestra propia inflación, de nuestro deseo de creer a ultranza, no de nuestra ingenuidad sino, en muchos casos, de la desesperación por encontrar alguna certeza que nos salve de la desazón y el despeñadero moral al cual nos conduce. Su contrapartida es el retorno de un modo de juicio devenido afirmación que nos defienda de la humillación de haber sido engañados; y que radica no en someterse a la racionalidad crítica sino en ejercer la desconfianza como defensa frente a la derrota lesionante del autoengaño.

Y bien, yo le creí al Presidente: como afásica y deficiente prognósica, encontré en su discurso coherencia y claridad, y emociones pertinentes con lo que transmitía, porque el sentimiento e indignación eran genuinos. Como semióloga amateur tuve también la convicción de que las condiciones de enunciación garantizaban el discurso. Porque por otra parte, en el tema Derechos Humanos, no tengo dudas de que con nuestras vacilaciones y dificultades hemos sido, en este dañado continente, quienes juzgamos, reculamos, avanzamos y salimos a debatir la falacia que implica perdonar sin que el agresor lo solicite, sin que se arrepienta, sin que dé garantías de que no volverá a hacer lo que hizo.

Y la paciencia de la sociedad argentina y gran parte de su voluntad de construir un país que no se reproduzca en el horror me ha conmovido profundamente: después de veinte años de democracia bastardeada, acosada, plena de baches, no ha habido un sólo caso de ajusticiamiento por mano propia. Que la responsabilidad de la sociedad haya llegado hasta el límite de seguir avanzando hacia el punto de que la seguridad esté basada en la derrota de la impunidad.

Y cuando Gerez apareció, sentí que teníamos derecho –pese a que nos estallaba en cada burbuja de lo que fuera que ingeríamos las caras de los chicos de Cromañón, y del Ecos, y de Carmen de Patagones, y de Matías Castellucci por dar algunos ejemplos paradigmáticos del dolor que nos acucia y que aún no logramos unificar para lograr, de conjunto, un país más justo y saludable– a creer que podemos llegar a un destino mejor.

Y no brindé por la paciencia de las víctimas sino por su grandeza moral, porque representan la profundidad y el sentimiento de responsabilidad sostenida no sólo con los suyos más próximos sino con todos los suyos, que somos nosotros todos. Y porque una vez más le creí al Presidente, y no temo formar parte de la gilada que se autoengaña, porque las razones eran la garantía de que hay que seguir sosteniendo el "sueño de delfín", dejarse llevar por la mejor corriente sin perder el lóbulo despierto que nos mantiene alertas. Y sin delegar, volver a asumirnos con derecho a una vida menos atravesada por el horror y menos sostenida en la inmediatez de la supervivencia.

XV. La responsabilidad de los intelectuales

Durante los años que me tocó vivir en México, observando la situación de la intelectualidad mexicana, no pude dejar de tener un pensamiento recurrente: si una ventaja habíamos tenido los intelectuales argentinos, pese al horror que esta formulación implica, ella estaba dada por el hecho de que nunca nadie, en la historia de nuestro país, había querido comprarnos, ni siquiera alquilarnos. Nos persiguieron, encarcelaron, asesinaron, pero nunca a nadie se le ocurrió ofrecernos algo que pudiera poner en riesgo la independencia de nuestro pensamiento, el derecho a acertar y equivocarnos desde nuestras propias convicciones, la certeza de nuestra integridad e incluso la razonable duda sobre el valor que podía tener nuestro compromiso con el país.

El retorno a la democracia aunó en un mismo movimiento dos aspectos contradictorios en la recuperación de la capacidad productiva de la intelectualidad: por una parte la posibilidad de volver a hacer conocer nuestro pensamiento –ya que pensar siempre seguimos pensando, pese a que nos estuviera vedado dar a luz aquello que producíamos– y, por otra, el surgimiento de la posibilidad de fagocitación de nuestra capacidad pensante por parte de un sistema que mostró, a lo largo de los años, que sus virtudes quedaban constantemente opacadas por la corrupción, el desamparo en el que se vieron inmersos los desprotegidos, y la banalidad a la cual fueron condenados aquellos que gozaron de una inclusión tan des-subjetivizante como amenazante de su propia integridad ética.

Y para dejar fuera toda suspicacia, quiero decir claramente que no me estoy refiriendo en particular a quienes pasaron a formar parte del aparato gobernante, lo cual no sólo no es criticable sino que incluso podría ser considerado como la apertura hacia un reencuentro entre el pensamiento y la acción, confluencia necesaria para poner dique a una pragmática del poder que se puede resumir en la producción de políticas administrativas que se reducen a una administración ajena a la política.

Es indudable que entre quienes accedieron a la llamada "función pública" ha habido en estos años muestras tanto de inmoralidad como de grandeza, combinatoria de buenas intenciones con participación en acciones a las cuales el poder conduce siempre por los sinuosos caminos que bordean los abismos de la ética, deseo de retomar proyectos históricos postergados y tentación absurda por un éxito de la transitoriedad en el contexto de una maquinaria que se ha ido comiendo grandes personalidades, cuyos huesitos fueron arrojados luego de que el sistema desecara la sangre que circula por sus neuronas, huesitos de un esqueleto que no estando aún muerto su portador, espera el momento de desconexión de la máquina que lo mantiene en una simulación de la vida. La trituradora política sólo admite temporariamente contradicciones y vacilaciones, y es siempre más pícara que el mayor de los pícaros individuales.

Y conociendo las limitaciones que impone la práctica política en el marco de un país que arrastra el deterioro moral que impregnó al Estado argentino durante años, limitaciones que minan nuestro entusiasmo pero no ciegan el entendimiento, habida cuenta de los abismos por los cuales hemos transitado, celebramos, más allá de todo

cuando reconocemos el compromiso de un funcionario con
aunque sea una parte de los ideales que agitaron su historia juvenil, y sentimos cariño y respeto por el esfuerzo
que significa mantenerse erguido en medio de la polución
que invade constantemente las aguas ya contaminadas de
la llamada política nacional.

Pero es evidente que el drenaje hacia la "intelectualidad orgánica" que puebla hoy las corporaciones y las
oficinas públicas, drenaje que si bien no nos priva de la inteligencia acumulada establece sus limitaciones, nos deja
bastante despojados de esa masa crítica que constituyó
la intelectualidad argentina, masa crítica que se sostiene
imperturbable en los bordes mismos del quehacer pe-
riodístico, en la literatura y el teatro, donde muchos han
descubierto que se puede ceder el pensamiento sin ceder
la capacidad pensante, sin entregar la cabeza sino sólo
una parte de su producto, a sabiendas de que el aparato
productivo debe quedar intacto aun cuando el producto
no pueda cumplir con todas las añoranzas y expectativas
que nos convocan desde siempre.

Los setenta no sólo nos despojaron de un proyecto,
también nos despojaron de los sueños. Durante demasiado
tiempo la llamada intelectualidad –que estuvo fusionada
con la militancia– se sintió responsable por haber sido de
alguna manera motor simbólico de los grandes movimientos que atravesaron esa época. En algunos casos de manera
melancólica, que responde a una omnipotencia narcisista,
vale decir a una sobrevaloración de su papel y a cierta arro-
gancia que desconoce la función de otros actores centra-
les de la historia; en otros, simplemente, por degradación
ideológica y poniendo en marcha toda la ambivalencia que
arrastraban desde siempre hacia los proyectos transforma-
dores que no por fallidos fueron menos válidos ni por aca-
bar en tragedia estuvieron menos atravesados por una fe
inconmovible en la vida y en la solidaridad de y hacia los
otros. En estos casos, la parálisis embargó a muchos.

Ya es hora de salir de la alienación que impuso primero el terrorismo de Estado a través de la muerte y la tortura y luego el menemismo mediante sus alianzas societarias que involucraron a gran parte de los argentinos, que como todos socios menores salieron estafados por la corporación corrupta.

Que parte del gobierno actual provenga de la militancia de los años setenta no es estigma para la democracia, ya que, en definitiva, ¿qué partido tradicional, que haya formado parte de las diversas alianzas del poder que arrastró a la Argentina a su deterioro a lo largo del siglo XX, está capacitado para llevarla adelante? Es precisamente el tradicionalismo político del país el que se vio impedido, en los últimos cincuenta años, de gestar las condiciones necesarias para evitar los golpes de Estado, para frenar la corrupción, para evitar la depredación, para permitir el saqueo, para estropear ecológicamente al territorio nacional, para destruir la educación y la salud.

El gran desafío es, indudablemente, si mi generación, la generación no sé si más lúcida pero sí más comprometida y sacrificada de la historia argentina, puede defender, hoy, los derechos civiles que han devenido derechos humanos, en razón de la miseria y marginación degradantes que padece cerca de la mitad del país. Si puede, además de reivindicar los derechos humanos de las víctimas de la historia, dar justicia a las víctimas actuales del gatillo fácil y de la impunidad policial; si puede cambiar de la agenda política la prioridad fascistoide que reclama seguridad por verdadero modo de retornar a la paz y la justicia, que es poniendo coto a la impunidad; si puede, en definitiva, terminar de limpiar la basura de la historia, los restos degradados de las supuestas democracias malparidas que nos precedieron y de los gobiernos militares que las sucedieron dejando al país en harapos y llagas.

La cuestión es entonces si más allá de la melancolía, del retorno del mecenazgo medieval, del democratismo

que ha reemplazado al silencio con un cacareo en el cual
se puede decir todo porque después de todo nadie escucha nada, por lo cual no hay discusión sino una supuesta
cortesía que es en realidad indiferencia y desesperanza,
la cuestión es si pese a todo esto, la intelectualidad argentina puede reponerse, levantarse en los rescoldos que
le quedan, y acompañar a la sociedad en su camino de
reconstrucción, debatiendo seriamente un proyecto histórico que vaya más allá de la realidad presente ya que
su función, en la medida en que no tiene la responsabilidad de administrar, es la recuperación de la función de
la imaginación creativa para pergeñar nuevas realidades
que otros, tal vez más realistas, verán cómo hacen viable.

XVI. El pensamiento corporativo y la crisis universitaria*

El pensamiento corporativo ha sido siempre enemigo del pensamiento; es imposible la confrontación en el marco de intereses que definen su dirección. El pensamiento, para fecundar, debe apoyarse y al mismo tiempo transgredir la captura de las condiciones que lo determinan en el sentido más amplio: la tradición científica o filosófica que lo precede, las condiciones históricas en que se inserta, los interrogantes de la época en la cual se despliega.

El pensamiento corporativo es el anti-pensamiento: constriñe a quien piensa seguir no las reglas de la razón o la lógica sino las de los intereses que le marcan la dirección. Estos intereses no son siempre económicos.

Pueden ser de prestigio; de temor a perder la estima de los otros miembros de la corporación; defensivos, ante la posibilidad de una caída brusca de los pedestales imaginarios en los cuales el sujeto se emplazó.

Depende de las características personales de quienes en ellos se ven implicados.

---

* Este texto fue escrito luego del discurso que el 29-12-2006 pronunció el Presidente Kirchner, en el cuadel fracaso de la Asamblea Universitaria de la Universidad de Buenos Aires, luego de que estudiantes de la FUBA bloquearan la candidatura a rector de Atilio Alterini y confrontaran a las autoridades de esta casa de altos estudios en abril 2006 [N.d.E]

En nuestros tiempos, es indudable que no es el orgullo de pertenecer ni la dignidad que atribuye la pertenencia lo que guía los intereses de la mayoría de las corporaciones: poder o dinero, ensamblados o separados, han arrasado con el viejo concepto de "pertenecer", que signaba una identidad, por el de "quedar incluido" so riesgo de desaparecer. La universidad no es ajena a estas vicisitudes.

¿Cuántos decanos prestigiosos científicamente, cuántos rectores reconocidos por sus logros académicos pueden contarse hoy entre los "administradores" que rigen el destino de ese laboratorio del pensamiento que debieran ser las facultades?

Facultad, un paso hacia el pragmatismo en el nombre mismo: me faculta para el ejercicio profesional, me torna lícito prácticamente, pero no da garantías de la "universitas" que define mi responsabilidad como sujeto social, como miembro de la comunidad.

Entre las corporaciones profesionales facultadas para esta administración y la irresponsabilidad profunda de un movimiento estudiantil que ha devenido también corporativo, guardián de sus propios intereses de poder, el despedazamiento da sus últimos golpes a lo que el neoliberalismo ya venía instrumentando desde hace años: destruir la universidad pública favoreciendo un mercado de enseñanza que se rige, en su mayoría, no por la formación sino por la "capacitación", vale decir por la instrucción de "capataces" que juegan su función de expertos transitorios en la aplicación de conocimientos perecederos porque no han recibido la formación para pensar sino para instrumentar, para aplicar, para devenir los empleados de las grandes corporaciones del primer mundo.

El poder sólo es válido cuando es un medio para la realización de propuestas destinadas a generar futuro. No hablo desde una idealidad de la razón contra la política, pero se trata de reubicar la política universitaria en los términos que le compete. El envilecimiento de un poder que disputa simplemente espacios, ya sea por razones económicas o de presencia en el escenario político nacional, es perversión de la política.

Más aun: resulta degradante considerar a esta contienda por la administración de un poder sin propuestas programáticas con el término de "política". Por supuesto que existen las grandes vertientes ideológicas, y cada uno de nosotros se ubica en torno a ellas. No es lo mismo un rector, rezago de la corrupción, que hizo usufructo del retorno a la democracia, que uno honesto y bien intencionado. No es lo mismo tampoco alguien de oscuros orígenes ideológicamente fascistas, que un universitario de raigambre, comprometido con el futuro del conocimiento. Hay definiciones en juego, hay una historia del pensamiento en nuestro país que se está quedando sin hogar. Partida en múltiples grupos tribales, la confrontación ha dejado de ser motor del pensamiento para constituir, simple y llanamente, ejercicio de despedazamiento tribal y modo de reparto de los restos de un cuerpo sometido y degradado, reducido a su territorio físico e incapaz de generar espacios de verdadera confrontación productiva.

Nuestra Universidad, ésa que hizo de los hijos de inmigrantes del exterior y migrantes del interior el germen de un país que aún vive de los restos simbólicos conservados en la giba con la que ha atravesado este desierto de treinta años de deconstrucción de la educación.

Nuestra Universidad, la que permitió que yo hoy escriba estas líneas y aún confíe en que podamos recuperar algo de nuestra dignidad académica.

Esa Universidad, de cuyo movimiento estudiantil se formó la intelectualidad más generosa y lúcida que tuvo este país.

Esa Universidad que nos suministró los medios para sobrevivir en el exilio interior y en el exterior, y no sólo desde el punto de vista autoconservativo sino desde el de nuestra persistencia en el pensamiento. Esa Universidad, requiere hoy una verdadera toma de conciencia sobre los riesgos que atraviesa antes de que tengamos que llorar, una vez más, por el país que tuvimos.

La Universidad requiere una verdadera toma de conciencia sobre los riesgos que atraviesa.

XVII. El sexo es cultura

En el trayecto que va de su casa a mi consultorio Pedro, de ocho años, ha visto un cartel publicitario de una mujer mostrando ropa interior con las piernas y el espíritu abierto a quien reciba su mensaje. Dos cuadras más adelante, un hombre semidesnudo es abrazado por una joven que lo envuelve, con mirada desafiante, ubicando sus pies, de mano precisa, sobre los genitales que se marcan en relieve bajo el calzoncillo que los cubre. Mientras el vehículo en el cual lo traen avanza por la ciudad, el póster de un grupo médico propone resolver la impotencia masculina para brindar la felicidad perdida; los personajes de la foto se parecen demasiado a sus abuelos, y se sorprende de que ellos puedan estar preocupados por una cuestión de este orden. La ciudad palpita sexualidad, y Pedro está anonadado ante tanta imagen que lo desborda.

Atraviesa la puerta como una tromba y me dice: "El sábado, en el campo, vi a un toro haciendo el amor con una vaca. Es raro: están parados, no se miran las caras, no es como con las personas, me dio miedo, el toro era enorme sobre la vaca, estaba como furioso...". Pedro no necesita, como los niños del siglo XIX, ir al campo a conocer la sexualidad humana a través de los animales. Por el contrario, lo sorprende la sexualidad en estado natural.

En las tiras de televisión que comparte con sus amiguitos, las madres de los adolescentes se transan a los amigos de sus hijos, las niñas reciben propuestas amorosas de los profesores y se confiesan asustadas y atraídas, y las traiciones y desplantes amorosos son el mayor motivo de sufrimiento de los personajes.

En el pasado, a la búsqueda de una frase, de una imagen, de una representación de lo sexual, mujeres y niños de todos los tiempos merecieron que el espíritu libertario del siglo XX propusiera la educación sexual, vale decir la información acerca del carácter del sexo como práctica ciudadanizante, incluyente, al tomar como consigna el derecho que todo ser humano tiene sobre su propiedad inalienable que es el cuerpo, reconociendo límites y posibilidades del mismo en el encuentro con el otro y en la regulación de las acciones que los involucran, de las cuales la sexualidad es posiblemente la que más en juego pone el intercambio que fija los límites del propio territorio.

Hoy el debate toma otros carriles: no se trata ya de suministrar información, sino de ayudar a metabolizar aquello que desborda, que se precipita en imágenes carentes de sentidos, traumáticas y que obligan a un enorme esfuerzo de captura por parte de la mente, inhabilitada para hacerse cargo de otras tareas, cuando lo acuciante no se encara del modo adecuado. Cuánto mejor rendirían nuestros niños en las escuelas si hubiera espacios para que puedan explayar sus teorías, resolver sus cuestiones, abordar aquello que realmente les preocupa: no sólo cómo preservarse del SIDA –que no es una cuestión menor– sino por qué hay adultos que abusan de los niños, qué quiere decir que un bebé pueda nacer de la panza de la abuela, por qué hay señoras que no pueden tener bebés y otras que sí, y por qué las que pueden tenerlos no pueden criarlos y se ven obligadas, muchas veces, a dárselos a las que los crían.

Por eso constituye un giro regresivo el retorno a los viejos debates acerca de la educación sexual, ya que de lo que se trata hoy no es de ponerla en cuestión, sino de re-definir los modos de abordaje, los caminos de una simboli-zación que ayude a conformar una sociedad en la cual nos hagamos cargo de que los niños tienen derecho a conocer aquello que deben conocer, pero los adultos tienen tam-bién la obligación de reformularse las preguntas que per-mitan dar las respuestas que ellos requieren.

Si es verdad lo que proponen ciertos sectores religiosos respecto a que en el ser humano la sexualidad no es del or-den "natural", la oposición no pasa sin embargo por el par natural-divino. Se trata, en los seres humanos, de recono-cer el carácter de cultura y las implicancias que tiene, y es precisamente su "antinatural" la que obliga a hacerse car-go de los efectos sobre la cría prematurada de las acciones sexuales que la involucran antes de estar en condiciones de ejercer su propia genitalidad.

La Iglesia tiene miedo al discurso de la sexualidad, porque en su propia experiencia se ha visto afectada por las formas espurias que pudo alcanzar. No es casual que se encontrara obligada, a partir del Concilio de Trento, en el siglo XVI, a hacer pasar al Tribunal del Santo Oficio la denuncia del "Pecado de solicitación", consistente en la solicitación en confesión o, más propiamente *solicitatio ad turbia*, que incluían las palabras, actos o gestos que, por parte del confesor, tenían como finalidad la provocación, incitación o seducción del penitente, insinuación sexual conducente a la realización de actos realizada por el con-fesor con la mujer que ante él exponía sus pecados. Las causas de la consumación de este pecado pueden ser dis-cutibles, pero indudablemente confluían en él la perturba-da vida sexual de los monjes condenados a la abstinencia, el abuso de poder que ejercían sobre las mujeres que de ellos dependían espiritualmente, y la ignorancia de sus víctimas, infantilizadas y colocadas en un lugar de priva-ción de conocimientos y de voluntad que las dejaba iner-mes ante sus avances. Hay que imaginar la oscuridad del

confesionario, la palpitación de lo prohibido, la entrega a
la búsqueda de salvación, el encuentro de todo ello con el
estado de privación de una sexualidad normal por parte
del confesor, para poder representarse la circulación de lo
que allí ocurría y el voltaje que alcanzaba.

Si la palabra es excitante, esto no depende de la palabra misma, sino de las condiciones en las cuales es vertida,
y de los protagonistas que a ella se ven sometidos. Y cuan-
to mayor abuso de poder se ejerza sobre los interrogantes
de la vida, de la muerte, de la sexualidad, mayor será el poder de la palabra de quienes hacen usufructo de ella, para
ejercer su dominio sobre los interrogantes que los seres humanos no podemos dejar de construir de modo renovado.

XVIII. Envidia y caridad:
dos caras de la misma moneda

¿Qué sentimiento enaltece más al sujeto, cuál al objeto? Envidia y caridad, no es absurdo considerarlas dos caras de la misma moneda, o el reverso la primera de la segunda. A diferencia de la solidaridad, cuyo ejercicio está marcado por el reconocimiento del semejante, por la injusticia de la cual es objeto y por una voluntad de reequilibramiento de sus derechos desbalanceados, la caridad implica asimetría y usufructo de la misma: se le da no sólo al que tiene menos, sino "al que es menos", "a los pobres", a los desposeídos, a los que sólo cuentan con la ayuda del otro porque sus recursos propios no pueden sostenerlo. ¿Por qué habría, necesariamente, que implicar agradecimiento entonces, si en su ejercicio se señala la condena a la desnivelación subjetiva en que queda colocado el supuesto beneficiario? Se debería, en realidad, pedir perdón por dar, por ese ejercicio terrible de soberbia que implica tener de sobra cuando el otro nada tiene, y aún por el hecho de que eso que damos no significa, en absoluto, que nos quedemos sin nada. Porque en realidad lo que damos no nos despoja sino que nos enriquece, en razón de que incrementa nuestro valor moral, nuestras acciones ante la instancia que nos premia –sea ella del orden intrasubjetivo, moral, sea del orden trascendente, divino–. La envidia, por el contrario, paradójicamente, y aunque pase por la denigración que se ejerce, da cuenta de la sobrevaloración del otro, y no de lo que posee. Es indudable que nunca se envidia el objeto sino la significación que este tiene en el orden inter-subjetivo.

A diferencia de los celos, que llevan la marca del amor, que dan cuenta del deseo de posesión de un objeto humano, no puramente material, que se considera propio –no se cela sino porque un tercero intenta apropiarse de aquel que nos pertenece, o porque se ha apropiado de él– la envidia recae sobre el otro en tanto poseedor de aquello que se considera un don que le brinda el brillo del cual uno se supone carente. La envidia es así, odio decantado, destilado pasional, arrasamiento del yo; porque quien envidia, en realidad, ya siente que es nada salvo que posea aquello que el otro tiene y a lo cual codicia. El objeto es un "significante", como se acostumbró a decir a fines del siglo XX: la marca que emplaza a alguien ante sí mismo por relación al otro: si lo tengo –ese objeto– seré él, tendré su lugar, seré mirado como lo miro, como lo miran. A partir de esto, la paradoja: la denigración que se ejerce cuando se descalifica a quien se envidia es sólo un intento de restitución del narcisismo propio: "En realidad, él o ella no valen nada, y todo lo que tienen es basura, y lo que obtuvieron no sirve de nada..." modo paradigmático de ejercicio de la envidia que da cuenta, por el contrario, del sentimiento de aniquilamiento que vive quien la padece.

Porque la envidia tiene un prerrequisito: y es la posibilidad de intercambiabilidad con el otro, la convicción de que aquello que tiene lo podría haber tenido quien codicia el atributo envidiado. Los siervos de la gleba no envidiaban al señor feudal, ni los campesinos a sus reyes, porque tenían la convicción de que habían nacido en lugares diferentes, que el orden establecido los había colocado en esa posición, y que no había razones para soñar siquiera con la posibilidad de tener lo que el otro tenía. La envidia no transgrede más que en el borde el principio de realidad, no se establece sino sobre la base de una cierta convicción de simetría que conlleva la injusticia. Razón por la cual es frecuente la envidia entre hermanos, ya que habiendo partido del mismo lugar, el hecho de que uno de ellos tenga algo que no se tiene, confirma el supuesto que ello obedece a un reparto mal establecido.

La envidia tiene, entonces, como base, la convicción de la injusticia. Por eso convoca a la violencia, porque esa desigualdad –real o imaginaria, supuesta o verdadera– es de hecho un daño de partida. Si la igualdad de oportunidades prometidas culmina en desigualdad y sufrimiento, ¿por qué asombrarnos de la emergencia masiva de sentimientos profundamente destructivos en aquellos que han sido despojados y que se sienten víctimas de tal despojo? ¿De su amenazante deseo de reconocimiento, de la destructividad con la cual atacan en muchos casos los bienes y vidas de otros?

Sólo la convicción de una reparación de la injusticia, no de una redistribución caritativa, es capaz de paliar la envidia como sentimiento arrasador que conlleva la destrucción del otro y del objeto deseado. La conservación de bienes y vidas pasa entonces no por el atenuamiento caritativo de la desigualdad sino por la garantía de un proyecto de inclusión no sólo biológico sino subjetivo; vale decir, por la restitución de la condición de ciudadanos de derecho para quienes sienten que su amor ha quedado desarticulado por la decepción que los conduce a una furia arrasadora.

XIX. La depre de estar afuera*

Dicen algunos teólogos que cuando Dios mira para otro lado, cuando no ve o hace la vista gorda, la ausencia que deja su mirada abre el espacio para el eclipse de la potencia creadora de la vida. A veces Dios queda ciego por épocas enteras, o muere, como se dijo después de Auschwitz y Dachau. Sin embargo, siempre presto a resucitar con la esperanza, los seres humanos seguimos apostando a que el bien triunfe, que los justos sean premiados, que el esfuerzo encuentre compensación y que la inmoralidad encuentre castigo.

Por supuesto, hemos aprendido que la mirada humana reemplaza a la divina, y que el secreto esta en no hacer nosotros mismos la vista gorda ante la carencia que precipita el sufrimiento. Si un niño tiene hambre no corresponde esperar que coma por milagro, y no ver su esqueleto es de alguna manera ser cómplices del mal, de la violencia que lo margina, de la desprotección a la cual se lo condena.

Del mismo modo esperamos que alguien, cuando tiene poder de decisión, vea lo que vemos, y realice las

---

* Mundial de fútbol 2006 - Argentina llora: Alemania la dejó afuera por penales. Tras igualar 1-1 en 120 minutos, el cuadro sudamericano falló dos tiros en la definición desde los 12 pasos y queda eliminado. [N.d E.].

acciones pertinentes para ofrecer justicia, para subsanar la falta o el exceso que nos lleva al sufrimiento o que es producido en el otro humano.

Eso es lo que esperamos de la ley y sus ejecutores. Que su ceguera sea respecto al sujeto de la acción y no a la acción misma.

Por eso estamos desolados. Y nuestra desolación no implica la disminución de la autoestima. Porque la peleamos bien, y cuando nuestros muchachos cantaron el himno, con emoción acompañada sentimos, bien o mal, exageradamente o no, desde un patriotismo visceral, que eran un destacamento paradigmático de la batalla por la dignidad nacional, por la recuperación del respeto del mundo.

Y sabíamos que teníamos árbitros arbitrarios y no solo un equipo de fútbol como opositor sino una maquinaria económica para la cual solo contábamos con nuestro talento y decisión. Y lo demostramos todo el partido, y hasta llegamos a esperanzarnos con el triunfo. Pero Dios, o el árbitro, miraron para otro lado. Hasta el penal no cobrado y la inversión de tarjeta amarilla con la cual fuimos verdugueados, y el saludo cómplice con el cual un jugador del equipo oponente agradeció la truchada.

Y estamos desolados, pero enteros, porque hicimos más que lo posible. Y si hay algún error no alcanza para justificar la derrota, porque derrota en serio no tenemos. Perdimos un partido que debimos haber ganado: por precisión, por espíritu de trabajo, por superioridad técnica, por capacidad de resolución. La derrota es otra cosa: es devastación moral, puesta en tela de juicio de todas las certezas previas, sensación humillante de haberse equivocado, arrasamiento de la esperanza, caída del sistema de representaciones que sostuvo la batalla.

Ni en la Historia ni en el Fútbol estamos derrotados. Perdimos y seguimos apostando porque sostenemos la convicción, en un lugar importante de nosotros mismos, que aunque nos hayamos equivocado muchas veces y nos hayan pasado por encima, aunque Dios haya mirado para otro lado y haya permitido que perdiéramos tantos partidos en los cuales no solo sacrificamos ilusiones sino vidas valiosas, potencialidades y aspiraciones, estamos seguros de que, levantándonos tambaleantes por la resaca del día después, no estamos derrotados.

Y estamos profundamente tristes. Cambiasso no lloró solo en el banco, todos, de algún modo, manifiesta o silenciosamente, lo acompañamos. No es la primera vez que las lágrimas corren sobre las líneas azul y blancas que atraviesan la cara de la hinchada, que en este caso nos constituye como una unidad que algunos consideran falsamente armada. No es mi caso. Creo que nos merecemos, de todas las maneras posibles, este esfuerzo de recuperación de la dignidad y el orgullo que abarca desde ganar la mayoría de las becas Guggenheim hasta escribir libros que nos ponen en la mirada del mundo, producir diseño y producir a los mejores jugadores de básquet del mundo. Esfuerzo que nos hubiera permitido ganar este Mundial, o al menos ser abatidos por los mejores y no por la arbitrariedad de los intereses que lo rige.

El mundial del 86 no lo ganamos por "la mano de Dios", sino por ese segundo gol maravilloso de Maradona que quedó en nuestras retinas y corazones para siempre. La mano de Dios es arbitrariedad, y no podemos confiar en la mirada que la rige, ya que cuando los ojos se ciegan y se entelan las cataratas que dan cuenta de su envejecimiento sólo la mirada humana puede rescatarnos de la soledad e injusticia a la cual nos condena. Por eso estamos tan tristes. No sólo por la caída de la esperanza, sino por la devastación cotidiana que sufre el esfuerzo ante la impunidad que lo banaliza.

XX. Víctimas y victimarios, igualmente condenados*

No siempre la agresión es patrimonio de los fuertes. Ni de los vencedores, por supuesto. La agresión contra el otro o contra sí mismo puede ser un acto desesperado, algo que da cuenta del fracaso de las palabras, de la anulación de toda respuesta posible.

Cuando eso ocurre, lo que alguna vez se llamó "la condición humana" se ve afectada de conjunto. Por eso se genera el debate acerca de la razón de cada uno de los contendientes, y lo que se discute es la "motivación", el derecho a la defensa de la irracionalidad que los convoca, obligándonos a ponernos de un lado, renunciando a lo que nos implica del otro. Se discute la justificación de sus conductas, se evalúa si tienen otras salidas posibles, se trata de entender de dónde provienen sus decisiones, e incluso se aventuran hipótesis sobre la fuente histórica que las precipita, sean del orden de la Historia general de la humanidad o de la historia personal de cada uno.

---

* Durante la final del mundial Alemania 2006, en el último partido competitivo del mejor jugador francés de todos los tiempos, Zinedine Zidane es expulsado por un flagrante cabezazo a Marco Materazzi. Luego de su expulsión, Francia perdería la final de la copa del mundo frente a Italia [N.d. E.].

Como el cabezazo de Zizou, que lleva al despliegue de las mil y una hipótesis. Que si Matterazzi atacó a su familia, o si le dijo que era "pura basura argelina", un terrorista disfrazado de futbolista, un sucio musulmán al cual se podía amenazar con la violación de la hermana o el insulto a la madre.

"Hay palabras que son peores que los gestos (o los actos)— dijo. Hubiera preferido un golpe antes que eso" Se trata de palabras que estallan en la cabeza de quien las recibe; que atacan profundamente un enclave que actúa al modo de un disparador, fisión atómica en el cerebro que, por un momento, genera una devastación.

Imaginemos entonces, sin intención de justificar lo injustificable de ese cabezazo que nos dio a todos en el centro del corazón, sólo con intención de entender, de darle algún sentido a lo inelaborable, el momento en el cual a un niño del Magreb que se levanta contra un destino de discriminación y sometimiento, un niño que no es un santo, como se sabe, un ser atravesado por una violencia que no está en sus genes sino en los residuos arrasantes que le preceden, pone en riesgo todo el camino de reparación emprendido por medio de un acto que lo animaliza: no se trata de una trompada, sino de un cabezazo. Arremete como un toro furioso contra quien lo acicatea.

Imaginemos a ese niño en los momentos en que finalmente cree haber triunfado sobre ese destino recibiendo el enunciado que lo destituye de la condición trabajosamente lograda: "hagas lo que hagas serás marginado, hagas lo que hagas tu hermana será violada, hagas lo que hagas tu madre no merece la vida" Lo brutal de la respuesta marca el nivel de su propio arrasamiento. En el momento en que esto ocurre el otro ha pasado de contendiente a enemigo, y su aniquilamiento deviene la marca misma de la pérdida de toda referencia en quien ejerce la acción que intenta destruirlo. Patético resultado: las pérdidas de quien ha efectuado la acción son más brutales que las de quien las recibe. El juicio recae sobre la respuesta desmesurada, no sobre el agresor. Las opiniones se dividen: ¿es válido o no el ataque realizado? ¿Es culpable o no quien recibe la respuesta del modo empleado? Una vez más el debate no gira alrededor de la esencial: el hecho de que no puede haber impunidad ni para uno ni para el otro lado, y no si se justifica o no el acto inadmisible realizado.

En un mundo en el cual las acciones se justifican por la "intención" de quienes las realizan, las legalidades son destituidas junto con los modos de la justicia. Y si bien nuestras simpatías se inclinan, en este caso, por la víctima que paradójicamente se posiciona en el lugar del victimario, si el insulto de Matterazzi dio en el centro del pecho de todos quienes festejamos el retorno de la República, la confluencia de la Francia antifascista, la respuesta a los enunciados racistas de Le Pen que consideraba "no francés" a la selección cuya representación rehusaba, por estar llena de "negros" y "musulmanes", y el cartel contra la discriminación que levantaron las diferentes selecciones en cada uno de los partidos, el dolor que nos produce el hecho no se reduce a esta cuestión profundamente atentatoria de la dignidad, sino a que la acción de Zidane puso de relieve el retorno, siempre presente, de las heridas y humillaciones sufridas por las generaciones anteriores, y nos hizo dudar de la posibilidad de su reparación y de los efectos residuales deshumanizantes que las determinan.

Y el Mundial se convirtió entonces en la caldera de la condición humana. En un paradigma que se resignificó con los titulares que se sucedieron los días siguientes, sobre la crueldad y el horror de la guerra del Medio Oriente. En la cual no se juega sólo una cuestión territorial, sino los odios reivindicativos de las experiencias generacionales previas.

Porque también Israel, paradójicamente como Zidane, pierde dimensión de lo que representa para el mundo. Y realiza acciones que nos sumen en la desesperanza, cuando la "razón de Estado" arrasa con la existencia de un humanismo que llevó a la fundación reparatoria de la muerte y la masacre sufrida por el pueblo judío.

Y decir que ese territorio es la indemnización que recibieron los judíos por el Holocausto es tan absurdo como decir que la democracia es la prebenda con la que nos resarcimos de la pérdida de 30.000 argentinos.

Así como lo es pensar que el pueblo palestino es un invento de la posguerra. Porque aunque su fundación se definiera por exclusión, una vez realizado este acto fundacional, su existencia es indiscutible, así como lo es el derecho del Estado de Israel, una vez fundado, a instalarse en las tierras que trabajó al heredarlas.

Y en cada acción del terrorismo, sea de Hamas o del Estado de Israel, en cada niño que vemos asomar bajo una frazada que cubre sus despojos, en cada mujer embarazada acuclillada en la arena o volada en un balcón, se juega un diferendo injustificable no reductible a la racionalidad política o histórica.

Porque los restos la historia se arrastran, inevitablemente, a través de las generaciones. Y si bien los seres humanos olvidan el hambre cuando están satisfechos, no olvidan las humillaciones y sufrimientos que la crueldad del otro humano les propicia. Por eso las batallas se degradan cuando se pierde referencia al honor –esa vieja palabra que da cuenta del orgullo atravesado por la ética–, y víctimas y victimarios –que no son tan fáciles de definir– se condenan a sí mismos a su propia deshumanización.

XXI. Madres y padres de la Patria

Es posible que la mayoría de los argentinos nunca nos detengamos a pensar las frases que marcan nuestra historia, las que oímos una y otra vez en los discursos escolares, deletreamos en libros de lectura que si no formaron nuestro espíritu al menos fueron inocuos para deformarlo, escribimos en redacciones por encargo y recitamos en poemas que nos obligaban a un esfuerzo exagerado en los "ademanes" para dar sentido a algo que nunca entendimos.

Tal vez las repetimos sin preguntarnos su sentido por el acartonamiento de la declaración amorosa con la cual nos vimos en los años de infancia forzados a demostrar nuestro amor territorial, o porque la disociación entre las palabras y los hechos que habitó desde siempre el discurso del poder nos acostumbró precozmente a darle a las palabras cierto valor de cambio y poco valor de uso. Quizás porque no fue fácil apropiarnos de "este país" para que fuera "nuestro país" ya que los dueños de la tierra se presentaron siempre como los amos de la historia... O, porque el único "crisol de razas" se produjo en las camas de los inmigrantes pero no terminó durante muchos años en verdadero reconocimiento de proveniencias y aportes, o porque esta historia no llegó a ser nuestra hasta que nos dimos cuenta de que la producíamos diariamente, y que la gesta de la Semana Trágica no era menos heroica que las batallas de Vilcapugio y Ayohuma, y que no todos los próceres de la Independencia eran tan éticos como creíamos, y que podíamos elegir en medio de tanto yeso ilustre y pintura enhiesta a quiénes nos representaban, formando por primera vez hinchadas de Moreno, San Martín o Belgrano y rehusándonos a que Don Cornelio fuera un verdadero Padre de la Patria.

La cuestión se planteó con la madre. La "Madre Patria" que nos dio la lengua –como si antes de eso el continente hubiera estado mudo–, que nos dio la religión –como si eso abarcara el territorio que fuimos y la Nación que somos–, la que nos dio la idiosincrasia –más heredera hoy de la extraña combinación entre el país mestizo y desarrapado que dejó la conquista y su encuentro con la inmigración trabajadora del siglo XX con sus ideales anarquistas y socialistas que generó un hambre de justicia irrenunciable que de los usos y costumbres de los conquistadores– en su mayoría vagos y aventureros, delincuentes absueltos o fugados, verdadera escoria del Imperio –que nos legaron una de las oligarquías más crueles y pragmáticas del continente–. ¿Qué significa tener una "Madre Patria"?

Los pueblos carecen de madre: se fundan a sí mismos. Eligen sus padres simbólicos no por derecho de pernada sino por reconocimiento identificatorio. A los seres humanos escogidos por amor para ser hijos –biológicos o adoptivos– el cuidado que reciben les da la fuerza para poder amar, luego, a los padres simbólicos. Como en la política y en la vida intelectual, elegir nuestras figuras de identificación es el único derecho que nos lleva más allá de nuestras propias limitaciones de origen.

Las conquistas no son actos de amor engendrador sino violaciones obscenas. Que de allí surjan nuevos seres históricos no quiere decir que haya habido una propuesta inicial de producirlos. A diferencia de un hijo al cual se le da la lengua, las representaciones de sí mismo, los modos de sentir, los países coloniales son engendrados como clones de los cuales se toman los órganos vitales para conservar con vida a los imperios que se extinguen si no reciben la carne y sangre que los sostiene.

Por eso nos suena raro lo de tener la Madre Patria en nuestros orígenes coloniales, porque las madres que nos dieron lo mejor de sí mismas son múltiples y no sólo no se limitan a un engendramiento espurio sino que han intentado, desde siempre, ofrecernos la materialidad para que construyamos una identidad que nos permita salvarnos. Todos las reconocemos, todos nos vemos reflejados en ellas, en su heroísmo y en su valor, desde las heroínas de la Independencia hasta las sindicalistas de principios del siglo XX, desde las inmigrantes que marcharon junto a sus hombres por las calles de una ciudad cuyos nombres no podían pronunciar hasta las que cruzaron el Riachuelo para participar de jornadas heroicas, desde las que dieron los mártires de la Patria a las que aún salen a la calle para que ese martirio no quede en las sombras.

Por eso, más allá de mi amor a la España que nos dio a muchos de nuestros hombres más queridos, de la España de Machado y León Felipe, del Duero y Salamanca, de mi placer de haber recibido esa posibilidad de una lengua en la que me formé, en la que tuve mis primeras representaciones, en la que escuché la voz de mi madre y pude llenar de lecturas mis noches solitarias de provincia y en la que, como enuncia el poema de Juana de Ibarbourou, "dije 'te quiero' una noche americana millonaria de luceros", me rehúso a ser hija de una Madre que no me deseó sino como lugar de explotación y de un Padre que, como Don Cornelio, nos puso a disposición para que nuevos abusadores nos golpearan y humillaran.

XXII. La Fiesta del Don

Y ahí van, los domingos, como patitos, un niño de la mano de la madre, otro de la mano del padre, y en las manos libres el paquetito de masitas o la botella de vino para el almuerzo familiar. Herencia de la historia inmigrante, no se llega con las manos vacías: algo para poner en la mesa, algo que se ha convertido en un ritual y que ha quedado ya despojado del sentido originario; es difícil a veces recordar el comienzo de esta tradición: si nuestros padres llevaban el postre o el vino a las comidas con familia o amigos, y los abuelos compartían el pan, el vino y los fideos o el asado en el cual cada uno ponía su parte, no era sólo porque el excedente no era suficiente para que alcanzara lo de uno para todos.

Todos tenían clara conciencia que el compartir era algo más que paliar la miseria económica; era una verdadera Fiesta del Don, en su sentido antropológico: ya no hay que reducirse a la papa que toca ni al pan del cual se ingieren las migas en el cuenco de la mano. El almuerzo compartido da cuenta no de la carencia sino del excedente: excedente de objetos, pero también excedente circulante de amor que no se agota en la propia autoconservación. Y por supuesto, como toda Fiesta del Don, tal como fue descripta por Marcel Mauss, se trata también de demostrar que no se tienen las manos vacías, que hay algo valioso que se puede dar a cambio cuando se recibe, porque trasladado a nuestra tradición criolla: no se es un muerto de hambre para llegar con las manos vacías.

Tradición o costumbre sostenida, la comida familiar o con amigos del domingo, marca la persistencia de un enlace que mantiene aún los restos de humanidad que ligan al semejante. Tradición que se apoya en el borde de una historia donde este ejercicio ya no es posible para muchos, no sólo por la carencia de medios sino por la naturalización del cuerpo, que al límite de la marginación corre riesgo de perderse como cuerpo habitado por la cultura, suspendido en los límites de la supervivencia.

¿Cuánto queda por rescatar hoy del país que tuvimos, del pueblo que fuimos? Valores, creencias, costumbres, no hay herencia que no se vaya llenando con el tiempo de basura, de herrumbre, de deterioro. El secreto consiste siempre en saber desprenderse de lo inútil, no poner en la vitrina las copas cascadas, la loza cachada, el caballito de porcelana roto y pegado. Esos son "objetos reliquia", fetiches que intentan anular el paso del tiempo poniendo en evidencia su arcaísmo. Nos son muchas nuestras tradiciones, y parecería que la llamada globalización del capitalismo salvaje arrasa con hábitos, valores y expectativas. Sin embargo, puedo escuchar las voces airadas del interior, donde algo del ritual tradicional se conserva y en ciertos casos cobra tanto un sentido conmovedor para muchos así como se ofrece en tanto ritual despojado de contenido para otros. Ejemplo de ello es la recreación del Éxodo Jujeño, con el cual se reproduce la marcha libertaria cada 23 de agosto en el cual se queman chozas y se marcha siguiendo a un hombre vestido como Belgrano que dirige a los asistentes desde su caballo blanco. Suerte de quema de Moscú ante el avance napoleónico, se torna sencilla la recreación ya que con algunas vigas y un poco de paja se puede mostrar el sacrificio último de un pueblo en lucha, dispuesto a renunciar no ya a la riqueza sino a lo poco que posee.

Tradición en sentido estricto, porque hay algo allí que se repite permanentemente sin que signifique renovarse: la gesta de la Independencia queda congelada en sus actores, y no es fuente de inspiración para nuevos protagonismos. El ritual repetido no es inspirador, ya que no instituye memoria sino pura rememoración vaciada de contenido. Después de todo, los indios que hoy siguen al Belgrano de mentiritas no están menos harapientos ni padecen menos hambre que la que soportaron durante la conquista.

La tradición es indudablemente fuerza de los pueblos que sienten su historia realizada, y lastre de aquellos que no han llegado sino embrionariamente a pergeñar un proyecto que no sólo no se logra sino que se mistifica como cumplido en los orígenes.

Sería entonces discutible, en nuestro caso, el valor de la recuperación de tradiciones que incluyen valores y remembranzas, imposible de ser realizado, este ejercicio, sin melancolía en un país que ha devastado el sentido mismo de su existencia y no se ve claro cómo logrará la recuperación. A diferencia del legado histórico, el ritual es una parodia para quien no puede incorporar el sentido. Concebida como herencia de las generaciones interiores, la tradición intenta legar sucesivamente aquello que consideran valioso. Su riesgo es la ritualización; su ganancia, una memoria al acecho que alguna vez puede devenir vivencia.

XXIII. Los "excesos" del trabajo

Existen dos clases de trabajo –decía William Morris en su conferencia de 1884, un año antes de fundar la Liga Socialista–: uno de ellos es bueno, el otro malo; uno que no está lejos de ser una bendición, una alegría de la vida, y otro que es sólo una calamidad, un agobio. La diferencia entre ambos es que en uno existe la esperanza, en el otro no. Esperanza de descanso, de fruto y de placer en el trabajo en sí: y también esperanza de que todos estos aspectos se den en abundancia y buena calidad de vida. Cuando un ser humano trabaja haciendo algo que siente que existirá porque él se ocupará de ello y así lo dispone, ese ser humano está poniendo en juego la energía de su mente tanto como la de su cuerpo. Mientras trabaja, la memoria y la imaginación vienen en su ayuda. De esta manera, el trabajo digno lleva consigo la esperanza de placer en el descanso, la esperanza de placer en el uso de lo que produce, y la esperanza de placer en nuestra diaria habilidad creativa. Cualquier otro trabajo es inútil, una tarea de esclavos: trabajar para vivir y vivir para trabajar.

Si es sencillo reconocer en este texto la opresión a la cual ha sometido durante siglos el trabajo a la mayoría de la humanidad, también, aun con un esfuerzo psíquico importante por la nostalgia que impone, podemos recordar que hubo otra época, tan cercana que su ausencia nos palpita aún entre las manos, en la cual la dignificación del trabajo estuvo en el centro de todas las propuestas transformadoras que la atravesaron. El siglo XX fue el siglo de la recuperación del valor del trabajo como actividad fundante de la transformación en las condiciones de vida, base de todo progreso anhelado y de todo reconocimiento del valor del sujeto. Por eso el protagonista del siglo XX fue el sujeto trabajador, a quien, en los bordes mismos de la utopía, se consideró el gran agente de la historia contemporánea, de sus cambios posibles y de la reparación de todo sufrimiento pasado.

¿Quién hubiera supuesto, hace treinta años, en este país nuestro, que un grupo de la población –no importa su origen, sus condiciones de existencia, su procedencia o su etnia– se iba a pronunciar porque se les deje seguir ejerciendo el trabajo esclavo, única fuente posible de subsistencia para sí y para sus propios hijos? ¿Quién hubiera podido imaginar un retroceso a mediados del siglo XIX, cuando los esclavos liberados por la guerra de secesión tenían temor de apartarse de sus amos porque su destino incierto en los algodonales los condenaba al mismo trabajo que realizaban pero no les garantizaba techo ni comida?

La libertad es un bien con el cual se sueña cuando la supervivencia vital no se arrastra hacia el próximo bocado. En los campos de concentración, dice Primo Levi, sólo se podía pensar en la próxima cucharada de sopa. La libertad era un sueño imposible, con una vida capturada en la inmediatez.

Si la revolución industrial expropió la fuerza de trabajo de los asalariados, la revolución tecnológica a la que asistimos viene expropiando la fuerza simbólica de producción de quienes a ella se ven subordinados. Sin niños atados a las patas de las camas, sin encierro nocturno ni apresamiento en mazmorras erigidas en plena ciudad, los jóvenes que ejercen su tarea de captura intelectual en empresas que trafican ya no con materias tradicionales sino con bienes simbólicos, se ven sometidos "voluntariamente" a jornadas que empiezan por la mañana y terminan por la noche, realizando un trabajo que no les permite conocer los resultados posibles ni las condiciones que lo generan. Asistiendo desde sus computadoras y oficinas que son sucuchos tabicados sin luz natural, comiendo un sándwich mientras manipulan teléfonos y papeles, los nuevos trabajadores del capitalismo salvaje no tienen, siquiera, la posibilidad del metalúrgico que inmortalizó ese film maravilloso en el cual el personaje formula la frase que da cuenta de la preservación del deseo en medio de la maquinización a la cual se ve condenado: "Un tornillo, un culo. Un tornillo, un culo", dando cuenta que su pensamiento puede seguir volando pese a su atrapamiento en una cadena de montaje cuyo producto desconoce y su destino le es ajeno.

La mano de obra esclava es, para usar una expresión lamentable del descargo militar, "un exceso", devela y oculta, al mismo tiempo, la esclavización voluntaria a la cual se someten millones de seres humanos que tienen por destino la inclusión cautiva o la exclusión irremediable. Un "exceso" es lo sobrante de algo existente. Es algo generado por el producto mismo que le da su materialidad. Que alguien se muera en la tortura es "un exceso" de alguien que se le fue la mano. Lo que se oculta detrás de esto es el exceso mismo de sadismo y crueldad, de poder omnímodo sobre el cuerpo y la mente del otro que intenta la tortura.

Por eso la contratación de mano de obra esclava debe ser severamente condenada: tanto la de bolivianos en los talleres de costura como la de argentinos en las fábricas de procesamiento de pescado de Mar del Plata. Pero que el horror de la desocupación no nos lleve a descuidar la esclavitud voluntaria a la cual hoy se someten millones de argentinos cuyo trabajo es inhumano más allá de que el "happy hour" les dé un espacio en el cual creen recuperar algo de placer, sin saber que han perdido ya toda posibilidad de subjetivación en el encuentro.

XXIV. La política es impiadosa con la moral

Desde el escepticismo a la suspicacia, los argentinos vamos recorriendo la gama de posibilidades de una filosofía cotidiana que, si tiene su espacio paradigmático en los cafés y taxis, tiñe todos los intercambios en los cuales, muchas veces, basta un gesto de hombros acompañado de un retraimiento de mentón para que el interlocutor sepa que ya nada nos asombra. Y si a la fatiga de la compasión se ha sumado, en estos años, el agotamiento de la capacidad de comprensión, es tal vez la imposibilidad de confianza en que la verdadera indignación se exprese por los carriles necesarios lo que provoca, constantemente, la sensación de desborde. Una crecida que escapa de los límites de contención, pero que no tiene aun más que forma inundante de pequeños territorios que, una vez anegados, dan cuenta sólo de un fluir incontenible de malestar, que no encuentra su cauce político para regar la sequía moral y psíquica que invade al territorio.

Se podrá decir, y la sospecha es válida, que es muy fácil enjuiciar a las clases dirigentes cuando se es un intelectual, y se puede vivir al margen del enchastre en el cual cotidianamente se ven inmersos los actos de gobierno, sea donde sea y en el tiempo histórico que transcurra. Y algo de lícito habría en el rechazo de muchas afirmaciones de crítica menor, y en cierto modo puristas, cuando la única responsabilidad que se tiene es la de observar la historia y ejercer juicios de valor sobre quienes la transitan. Pero a modo de descargo, también deberíamos reconocer que la intelectualidad argentina, que refleja por otra parte el desgaste del entusiasmo que toda la sociedad argentina siente ante años de ejercicio de política desgastada y corrupta, no se ha recuperado aún del enorme sufrimiento impuesto por la derrota del proyecto histórico de los años setenta, pasando muchos de la cautela a la cortedad, o, incluso, a la melancólica responsabilidad asumida como sobrevivientes de aquello por lo cual tendrían que responsabilizarse los verdaderos asesinos.

Lo sabemos, la política es impiadosa con la moral, pero ello es tal no porque todo el mundo sea corrupto, sino porque más allá de la corrupción, que parece inerradicable –y en la cual se ve involucrada gran parte de la corporación política de diversos signos e ideología– las decisiones de poder, en su carácter pragmático, obligan a la elección de acciones regidas por lo que se considera necesario, contra aquello que se concibe como correcto.

A partir de la diferencia entre corrupción e inmoralidad, se perfila un aspecto de la política y de la vida que debe ser tomado en cuenta. Hay actos que no son necesariamente corruptos, pero sí inmorales, porque quienes los ejercen saben que no están bajo la opción que consideran válida y que los dejaría en paz con sus propias convicciones.

No hay duda de que los actos de corrupción siguen minando nuestra confianza en las instituciones y en la resolución que el poder tomará respecto de ellos. Pero la inmoralidad con la cual se establecen algunas alianzas políticas no necesariamente da cuenta de la voracidad económica de quienes de ellas participan sino de un afán de poder que, en su movimiento mismo, deja inermes a quienes por él se ven capturados.

La ideología, esa palabra que, como se ha dicho hasta el cansancio en la segunda mitad del siglo XX, es un imaginario que corroe el pensamiento científico y no permite vislumbrar la verdad de las determinaciones que posibilitan la aprehensión de un fenómeno. Sin embargo, como las representaciones sociales en general, como toda creencia, forma parte de nuestro mundo imaginario y permite acuerdos y desacuerdos basados en principios que determinan el piso sobre el cual se puede negociar o sobre el cual no se está dispuesto a establecer acuerdos. Sostener las convicciones ideológicas como acto de fe es tan absurdo como abstenerse de toda convicción, cayendo en el agujero negro de un cinismo en el cual la deconstrucción de la creencia es rayana en la desresponsabilidad absoluta.

De allí el pudor que sentimos, ese sentimiento que se perfila detrás de la exhibición de un acto inmoral, cuando vemos las idas y vueltas, los tejes y manejes con los cuales algunos sectores ejercitan ese llamado "poroteo", mediante el cual se negocian lugares y puestos ante la perspectiva electoral, como si el acceso a la función pública fuera un premio de la lotería o de un bingo. Y el hecho de que se nos degrade – en muchos programas propuestos– de nuestra condición de ciudadanos a aquella de "vecinos"; no dando cuenta, al fin y al cabo, de las verdaderas necesidades que nos atraviesan, cortando las propuestas de los nexos que las determinan o escamoteando, al fin y al cabo, las condiciones que llevan a una u otra elección en aquellos programas que, más que programas de gobierno, parecen un rejunte acumulado al azar de las recorridas sonrientes realizadas por los barrios.

En el film *La última cena*, de Tomás Gutiérrez Alea, luego de escuchar el discurso del amo, Sebastián, un esclavo negro que ha intentado la huida varias veces, dice lo siguiente: "Olofi jizo lo mundo, lo jizo completo: jizo día, jizo noche; jizo cosa buena, jizo cosa mala; también jizo lo cosa linda y lo cosa fea también jizo. Olofi jizo bien to lo cosa que jay en lo mundo; jizo Verdad y jizo también Mentira. Lo verdad le salió bonita. Lo Mentira no le salió bueno: era fea y flaca-flaca, como si tuviera enfermedá. A

Olofi le da lástima y le da uno machete afilao pa defenderse. Pasó lo tiempo y la gente quería andar siempre con lo Verdad, pero nadie, nadie, quería andar con lo Mentira... Un día Verdad y Mentira se encontrá en lo camino y como son enemigo se peleá. Lo Verdad es más fuerte que lo Mentira; pero lo Mentira tenía lo machete afilao que Olofi le da. Cuando lo verdad se descuida, lo Mentira ¡saz! y corta lo cabeza de lo Verdad. Lo Verdad ya no tiene ojo y se pone a buscar su cabeza tocando con la mano... [Sebastián tantea la mesa con los ojos cerrados.] Buscando y buscando de pronto si tropieza con cabeza de lo Mentira, se la pone donde iba la suya mismita. [Sebastián agarra la cabeza del puerco que está sobre la mesa con un gesto violento, y se la pone delante de su rostro.] Y desde entonces anda por lo mundo, engañando a todo lo gente el cuerpo de lo Verdad con lo cabeza de lo Mentira".

La verdad se ha puesto la cabeza de la mentira, la verdad es sólo cuerpo, la mentira es cabeza, pero cabeza de cerdo. ¿Es la verdad entonces "el sostén corporal de la mentira"? ¿Es el descabezamiento de la verdad lo que da lugar a la mentira?

Es aquí donde la devaluada palabra "ideología" debería recuperar su lugar, si entendemos por ello una forma de concebir el mundo que define el involucramiento de gran parte de nuestros actos subjetivos, nuestro accionar más cotidiano y traza los límites de nuestras posibilidades de aquiescencia a la inmoralidad de turno.

Ella se expresa, por otra parte, en la diferencia que aparece en los discursos políticos cuando emergen bloques de sentido tales como "incremento de la seguridad" versus "erradicación de la impunidad", así como en la diferencia establecida entre la garantía de reconocimiento de derecho social versus el asistencialismo entendido como salida a largo plazo de la exclusión. No se trata de meras formas de expresión, sino del verdadero trasfondo sobre el cual se perfilan los proyectos de gobierno.

Y es también aquí donde la política debería ser restituida en su función *princeps*, como ejercicio de la ciudadanía y no como puro mercadeo. De tal modo empieza a manifestarse cuando los inundados de Santa Fe piden obras de infraestructura y se resisten al asistencialismo como única respuesta gubernamental, o cuando en Misiones se rehúsan las decisiones que convalidan la corrupción ancestral, o cuando se insiste en la regulación de los transportes como única solución posible al horror de una vida cotidiana marcada por el sacrificio a todo costo por un lado y a toda ganancia por otro.

Porque el problema no está sólo en que la mentira esté a babuchas de la verdad, sino en que la verdad devenga un ejercicio que imposibilite no sólo el engaño del semejante sino el autoengaño que le da su sustento, brindándole su propio cuerpo para que se monte.

XXV. De la creencia al prejuicio

El mundo en el cual se instaura nuestra realidad requiere un ordenamiento. La realidad exterior no se presenta por sí misma salvo bajo el reino de la autoconservación, que sólo se sostiene en los niveles de animalidad más básicos, limitación del ser humano a su pura condición biológica. Cuestión que no es menor y sobre la cual volveremos ya que en su horizonte ideológico se encierra el retorno a una biopolítica deshumanizante que no puede conducir, en sus bordes, sino al aniquilamiento. Este conocimiento del mundo no se realiza por la experiencia, sino por la compleja relación entre lo vivido y los discursos previos o posteriores que la significan y articulan.

Si Freud en el "Proyecto de una Psicología para Neurólogos" reconoce que la alucinación primitiva no puede ser abandonada sólo porque no satisface las necesidades fundamentales del organismo, no resuelve la paradoja que inaugura respecto a que si bien su permanencia conduciría a la muerte, su erradicación absoluta nos dejaría inermes frente a un real que no adquiriría significación libidinal, vale decir significación humana. Trato, simplemente, de considerar la idea de que no es posible el conocimiento del mundo –y las fallas mismas de este conocimiento, sus límites y aporías– sin la presencia de un discurso precedente que opere como garante y organizador de la percepción.

Siendo entonces que el ser humano no puede aprender a vivir por ensayo y error, porque moriría al primer intento fallido, es el discurso instituyente del otro humano el que posibilita el modo de relación con el mundo que implica organizaciones y valoraciones. Pero ese otro no sólo organiza lo que Castoriadis ha denominado la lógica identitaria[21], instituyente de los recortes organizadores del universo, sino también instituye identidades, y esas identidades no pueden establecerse sino por diferenciación. El yo toma entonces un carácter identitario que no se reduce a su propia visión y vicariancia del cuerpo real, sino que cerca un universo de objetos que lo constituyen y separan de otros seres humanos. Estos discursos instituyen universos posibles de aceptación y rechazo: "No te acerques a los perros callejeros porque te pueden morder, y aléjate de los pobres y mal vestidos porque te pueden robar".

El famoso *a priori* kantiano está, entonces, en el modo con el cual cada cultura ordena lo aceptable y lo inaceptable, lo racional y lo irracional. *A priori* que es transmitido por el adulto al niño: "No metas los dedos en el enchufe porque te morís", sería una frase vacía si no proviniera de otro calificado para la protección absoluta de la vida y la garantía de amor que implica su conservación.

Hay una antecedencia a la experiencia, entonces, que se instala definiendo la diversidad por medio del discurso, y que posibilita la existencia, tanto vital como representacional. Esta antecedencia de la experiencia es tan arbitraria como necesaria, porque se establece sobre un conocimiento de la realidad que la encubre y ordena al mismo tiempo, realidad que sería inaprensible sin su cap-

---

[21]   Cornelius Castoriadis, *La institución imaginaria de la sociedad*, Vol. II, Tusquets Ed. Barcelona.

tura, o que quedaría reducida a la inmediatez de la experiencia individual. Pero el otro humano transmite no sólo lo adaptativo, sino lo "desadaptado" de la especie[22]: las inscripciones neuróticas del real vivido, las experiencias generacionales que constituyeron a quienes tienen a su cargo al niño, los juicios y prejuicios que se muestran irreductibles, que operan como bloques recortados no disolubles por la experiencia, e incluso que llevan a transformar al objeto prejuiciado en aquello que previamente se impuso como su rasgo dominante: si los nazis consideraban a los judíos seres sucios y cobardes, su cometido fue demostrarlo mediante formas de encierro y destrucción que los tornaban inertes. Si la supervivencia se hacía imposible sin las transacciones con la codicia de los captores, se inculpaba a quien ejercía la transacción de codicioso y no confiable, dentro de condiciones de inconfiabilidad total como garantía de la vida.

Si se considera que los negros son haraganes, no hay más que encerrarlos en barricas hacinadas y luego hacerlos trabajar con un látigo, mostrando de este modo que no hay posibilidad de confiar en ellos y generando condiciones de segregación que posibilitan el prejuicio. Stephen J. Gould realizó un interesante estudio de los *tests* mentales proporcionados a inmigrantes que llegaban a Estados Unidos en la década del veinte. Estos *tests* tendían a demostrar la incapacidad intelectual de aquellos a quienes se les realizaban: se les presentaba, por ejemplo, el dibujo de una cancha de tenis sin red, pidiéndoles que dijeran qué le faltaba. La mayoría, proveniente de culturas agrícolas, respondían: "Las plantas, los árboles, la casa, el chiquero...". Por supuesto, jamás se les hubiera ocurrido que lo ausente era una red para realizar un juego en un terreno cercado cuyo destino sólo se podía ver como

---

[22]   J. Laplanche, *Nuevos fundamentos para el psicoanálisis*, Amorrortu Ed., Buenos Aires, 1989.

destinado a la producción. Las respuestas, por supuesto, avalaban el prejuicio respecto a la disminución mental de los inmigrantes, dejando a los expertos satisfechos con la corroboración de su prejuicio devenido teoría.

Lo que caracteriza al prejuicio es su irreductibilidad a toda argumentación y toda demostración que pueda salirse de las reglas enunciativas planteadas, y en este caso se emparenta con el dogmatismo, que no es sino un ejercicio de administración del poder político de las ideas sin miras por su fecundidad o su falla. Pero el prejuicio es del orden de la intersubjetividad, y no regula relaciones con la naturaleza sino entre los seres humanos. El concepto de regulación no debe tomarse acá en sentido positivo, sino como dispositivo que organiza un sistema de representaciones que permite la acción bajo cierta "normatización" por muy irracional y mortífera que sea. Tanto Hanna Arendt en *La banalidad del mal* como Bauman en *Modernidad y Holocausto* se han dedicado a mostrar cómo no son irracionales las acciones genocidas perpetradas durante la Segunda Guerra Mundial sino que constituyen la culminación misma de un modo de pensamiento segregatorio que obedece a una racionalidad que expresa, al límite, las reglas de la sociedad moderna –podríamos decir del arrastre hasta las últimas consecuencias de la ideología del capitalismo que degrada al hombre a su condición de objeto–.

Cuando decimos que el prejuicio es un modo de ordenamiento arbitrario y que va más allá de toda racionalidad que pueda fracturarlo, se trata de un tipo de enunciado que se diferencia del juicio *a priori*. Mientras que sería imposible, como dijimos antes, establecer ningún tipo de conocimiento sin sostenerse en juicios *a priori* para luego someterlos a caución, el prejuicio es inconmovible a toda evidencia, ya que siempre encontrará en el elemento que podría "falsar" la teoría que sostiene en el sentido popperiano del término, vale decir darle validez científica a partir de que es sustituible en función de sus propias fallas, para emplearlo como corroboración. Si un árabe no estafa, es buen amigo y solidario, eso no pone en cuestión la categoría prejuiciosa general de que el resto de los árabes lo son. Cuántas veces hemos escuchado la frase "pero es un judío diferente", lo que marca al mismo tiempo el sostenimiento del prejuicio y la imposibilidad de falsar su enunciado general respecto a que el resto de los judíos son avaros, sucios o interesados.

Una necesidad de diferenciación se torna necesaria también respecto al dogmatismo. El dogmatismo se sostiene en el eje mismo del pensamiento teórico, y su recurrencia es la filiación a un maestro o guía al cual se deja a salvo de todo error, de toda falla, considerando su teoría como completa y acabada, aplicable y no sometida a caución. El dogmatismo puede llegar al extremo de justificar, llenar de hipótesis adventicias, rellenando con su propio intento de dar coherencia a la incoherencia, llevando la teoría hasta tal nivel de absurdo que su choque con el sentido común no es ya progresivo –como lo fue de origen– sino regresivo. Tal es el caso del aferramiento de algunos sectores del psicoanálisis a ciertos conceptos inaceptables, como la superposición del imperativo categórico de la prohibición del goce intergeneracional con la presencia del padre real o con su Nombre, reificando los modos de propiedad de la sociedad europea vigente durante gran parte del siglo XX.

La base del dogmatismo gira entonces alrededor de la validación lógica por medio del argumento *ad hominem*: Freud lo dijo, Lacan lo dijo, sin tener en cuenta que en el proceso de cercamiento del objeto lo que el productor inscribe son enunciados cuya verdad es pertinente a un universo de objetos que es compartido en general por el prejuicio y el dogmatismo, con la diferencia de que en el prejuicio se apela a "es sabido", "todo el mundo sabe", o "a mi abuelo le pasó con esa gente…". En el dogmatismo, por el contrario, la atribución de verdad por referencia al autor cosifica el discurso y plantea una descalificación del interlocutor en función de no poner en riesgo la totalidad de los enunciados del autor de referencia que se quiere sostener como bloque articulado de verdad.

En ambos casos lo que falla es el pensamiento crítico que consiste en remitir los enunciados a la red que los determina y sobre la base del cotejo con la experiencia que los hace estallar, poner en tela de juicio su verdad universal, sin por ello hacer desaparecer el campo de verdad que encierran pero reduciendo sus límites a las condiciones que los enlazan. El mecanismo psíquico determinante del prejuicio se sostiene en la renegación, o juicio de desestimación, que consiste en la subordinación de la percepción al enunciado que la destituye. La teoría clásica psicoanalítica lo remite a la anulación de la castración, bajo formas sintomáticas –el fetichismo– o discursivas en la primera infancia. Sin embargo, podemos considerar a la *Verleugnung* –renegación o desestimación por el juicio, según las traducciones– como un mecanismo constitutivo del psiquismo. El plano de la creencia sería imposible sin algún modo de escisión longitudinal del psiquismo, vale decir de escisión yoica, que permita conservar la creencia y el juicio de realidad al mismo tiempo: tema que el arte pone de relieve, cuando viendo, leyendo o escuchando algo que nos conmueve, sin embargo conservamos la distancia suficiente para no quedar capturados totalmente por la ficción, haciendo simultáneamente catarsis y sustrayéndonos del efecto de engolfamiento con el cual podemos quedar anulados desde el punto de vista subjetivo. El plano de la creencia no es simplemente ocultamiento de la realidad, sino en la mayoría de los casos verdad asentada para el manejo de la misma. Pero verdad presta a ser destituida por el avance de nuevas preguntas y no por la elaboración de

nuevas respuestas. Las discusiones científicas bizarras
no permiten el avance del pensamiento, y volver a poner
en debate si la Tierra es plana o redonda, para decirlo
de un modo simple, es regresivo y pura sofística posmo-
derna estéril. Seamos cartesianos: sometamos a debate
lo posible y lo que permite el avance del conocimiento, y
sostengamos en el borde la creencia para poder avanzar.
No estoy dispuesta a discutir la existencia del incons-
ciente, sino su materialidad y origen. La primera es una
discusión anacrónica a la cual me obligan, en todo caso,
las pugnas del mercado teórico que pretenden sostener
sus imperios o avanzar sobre nuevas tierras. Pero sí es
necesario someter a debate el estatuto de lo inconscien-
te, la función de la representación en la génesis de la patología psíquica, y en última instancia, la necesidad de
hacer un gran debate respecto al tema que atraviesa hoy
a todas las ciencias sociales y que bajo su disfraz actual
sólo intenta volver al debate del siglo XIX sobre "naturaleza o cultura", y que lleva como trasfondo ideológico la
justificación por naturalización de la desigualdad y de
la marginación, amén del sometimiento del ser humano
a su condición natural, con el prejuicio subsiguiente de
que lo superfluo debería desaparecer y sólo se sostiene
por caridad y no por responsabilidad social compartida.

Pero volviendo al plano de la creencia, en el caso del
prejuicio lo que le da el carácter patológico es su inamo-
vilidad, su imposibilidad de destitución mediante pruebas de realidad teóricas o empíricas, y el orden de certeza con el cual el sujeto sostiene lo indefendible o incluso
lo que entra en contradicción con otros principios que
rigen su vida. De tal modo, el prejuicio puede operar,
en el mejor de los casos, como una defensa ante lo que
los sociólogos han llamado "la fatiga de la compasión",
que consiste en la insoportable sensación de impotencia
frente al sufrimiento ajeno. Ello conduce a justificarlo, a
transformar a la propia víctima en culpable, en aquella

que tiene todos los vicios que justifican su desaparición, sea mediante barreras que le impidan el ingreso a los espacios de inclusión, sea directamente mediante su aniquilamiento.

En el peor de los casos, el prejuicio permite que el yo se haga cargo de emociones hostiles o egoístas inconfesables en el plano ético. Egoísmo, esa vieja palabra que Freud mismo empleara para aludir al carácter insaciable y perverso de la pulsión, ha desaparecido detrás de un vocabulario técnico que sostiene en el plano de las sombras la ética necesaria de una práctica que se define ante el sujeto moral y que se ve hoy obligada a revisar los límites de la abstinencia en el marco de su propio compromiso no sólo social sino terapéutico. A modo de disgresión: ¿cómo realizar nuestras intervenciones terapéuticas cuando un sujeto deprimido no puede representarse una vida en la cual la desconfianza por el semejante, su utilización y deshumanización, estén en el centro mismo de su soledad más allá de los vínculos supuestos que establezca? Se enlaza allí algo de la patología con los modos racionalizantes de la ideología en curso, que torna muy difícil sostener los límites de la abstinencia moral respecto a la necesaria determinación ética de la existencia[23].

Porque volviendo al prejuicio, podemos señalar que es algo que se sostiene en el margen mismo de la deshumanización del otro, vale decir de la negativa a otorgarle la igualdad ontológica –su pertenencia plena a la especie– y es empleado como justificativo para la arbitrariedad y la exclusión. Siendo prácticamente imposible una vida sin prejuicios, el lugar que el prejuicio

---

[23]   He trabajado a lo largo de este último año las grandes premisas éticas fundadoras de la humanización y su diferenciación con la moral en curso. Así como Freud debatió la moral sexual contemporánea de su época, creo que los analistas no hemos llevado aún un debate a fondo respecto a la moral sexual contemporánea, sostenida en la cosificación, la división parcial del otro, y el usufructo racionalizado del goce que deshabita a quien lo ejerce y no sólo a quien lo padece.

ocupe y la operatividad que abarque se determina por
la ideología que lo facilita o lo transforma en rasgo dominante. No puede ser analizado psicopatológicamen-
te, si bien es frecuente en las patologías delirantes que
lo transforman en eje mismo del accionar psíquico, por
lo cual no corresponde, en mi opinión, definirlo como
"enfermedad social" salvo como metáfora. En tal sentido, la lucha histórica de la humanidad ha consistido en
redefinir permanentemente el universo del semejante
para ordenar las pautas de la extinción mutua que posibilita la realización sin culpa de las acciones mortíferas
que la invaden.

Los dos grandes intentos humanitarios universales:
el cristianismo y el socialismo, que no ponen reparos a la
noción de humanidad como todo solidario sobre el cual
debe ejercerse el principio ético de amor al otro y de con-
templación de sus necesidades como obligaciones morales, parecen estar en retroceso frente a la ideología dominante basada en el individualismo hedonista con el cual
se favorece el empleo del otro como medio u obstáculo
para la acción. En este sentido hay incluso, en algunos
sectores, un desmantelamiento de las creencias previas, y
una redefinición pragmática de la noción de semejante y
la instauración del prejuicio.

El relativismo moral y lo "políticamente correcto"
no son sino síntomas de despedazamiento de una sociedad en la cual prejuicio y equilibramiento ético vienen
luchando cuerpo a cuerpo definiendo la historia entre
egoístas y altruistas, con dominancias temporales y momentos de mayor racionalidad crítica. El relativismo
moral, que aparece como apertura, es el abandono de
todo sostén ético para la acción, la cual queda definida
por su resultado y no por su relación con los principios
que deben regirla en aras de que la sociedad de pertenencia se sostenga.

No puedo dejar de señalar, a esta altura, el peso con el cual teorías higienistas de la sociedad han ubicado el prejuicio como saludable y no como enfermo, dándole racionalidad sintónica con las necesidades representacionales o materiales de una población. La idea del otro como portador de gérmenes, o como bacilo que enferma al conjunto, tan propiciada por el terrorismo de Estado y que encuentra su paradigma en los eufemismos con los cuales se define el aniquilamiento sin enjuiciamiento moral en razón de su utilidad para el conjunto, es típico del modo con el cual se van instalando en la sociedad las frases que anudan en los bolsones de fascismo que nos atraviesan: "A los piqueteros hay que matarlos a todos, porque no quieren trabajar", no es sino el sustrato representacional del modo con el cual el prejuicio deviene complicidad para la acción mortífera que realizan otros a los cuales no sólo se los tolera sino se los aplaude silenciosamente.

No podría terminar estas breves reflexiones sin un retorno a conceptos básicos que sostienen nuestro pensamiento. Mediante una vuelta a la metapsicología freudiana, al concepto de clivaje psíquico, a lo inconfesable de nuestros malos pensamientos y no sólo de nuestras malas acciones, lo que marca la cualidad ética de un sujeto es el carácter avergonzante del prejuicio, su propio enjuiciamiento moral hacia él mismo, y la búsqueda constante de elementos que permitan su destitución. El hecho de que su conciencia moral se avergüence de sus propias impulsiones mortíferas y que el ideal del yo lo ponga en correlación con su propia ética como prerrequisito para ser amado. Por el contrario, cuando el prejuicio deviene organizador de la acción, su carácter primordialmente antiético se expresa en la reducción del universo de lo humano a una identificación fricticia, alienada, donde los rasgos que determinan la elección del otro no están dados por el juicio crítico sino por preconceptos respecto a quién es ya no mi semejante sino mi socio en la resolución de necesidades y demandas. El prejuicio es, indudablemente, una excelente coartada psíquica para la elusión de responsabilidades y el ejercicio de la inmoralidad.